①キューバの地理・国旗・国章

キューバ周辺図

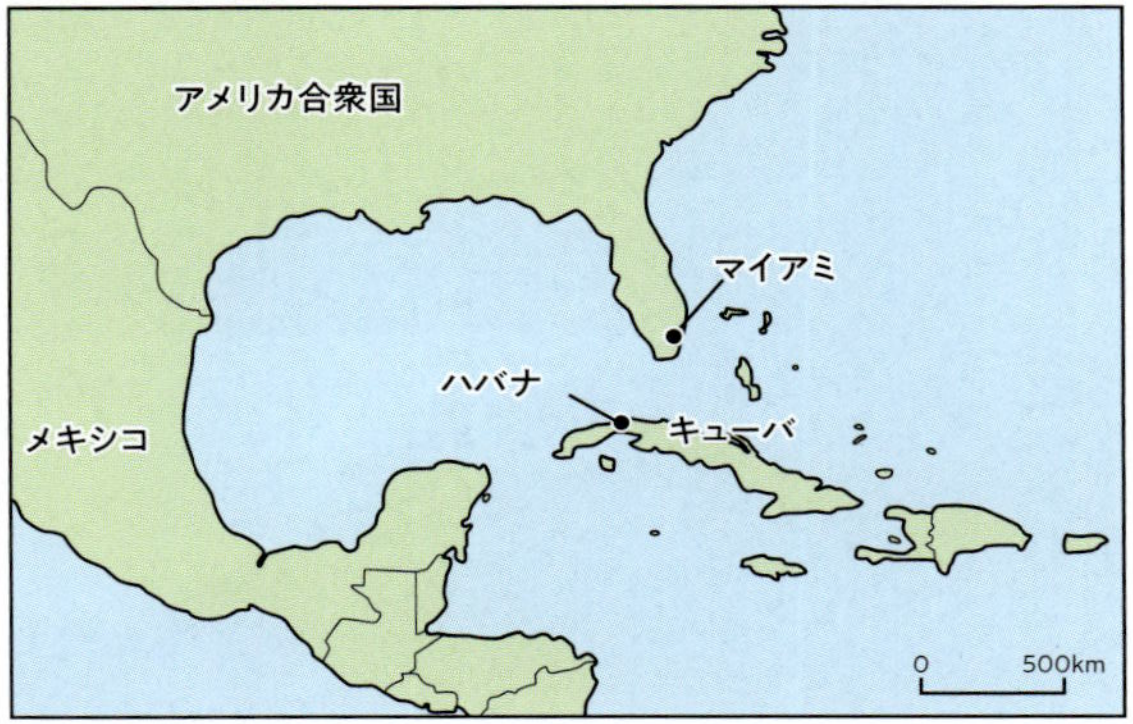

キューバの国章

キューバの国旗

②キューバを歩く

ハバナ旧市街

左手前の建物からパイプが飛び出しているのにお気付きですか？　これは排水管。時々水が勢いよく流れ出てきます。ハバナ旧市街では多くの家にこの手のパイプがあります。注意して歩きましょう。

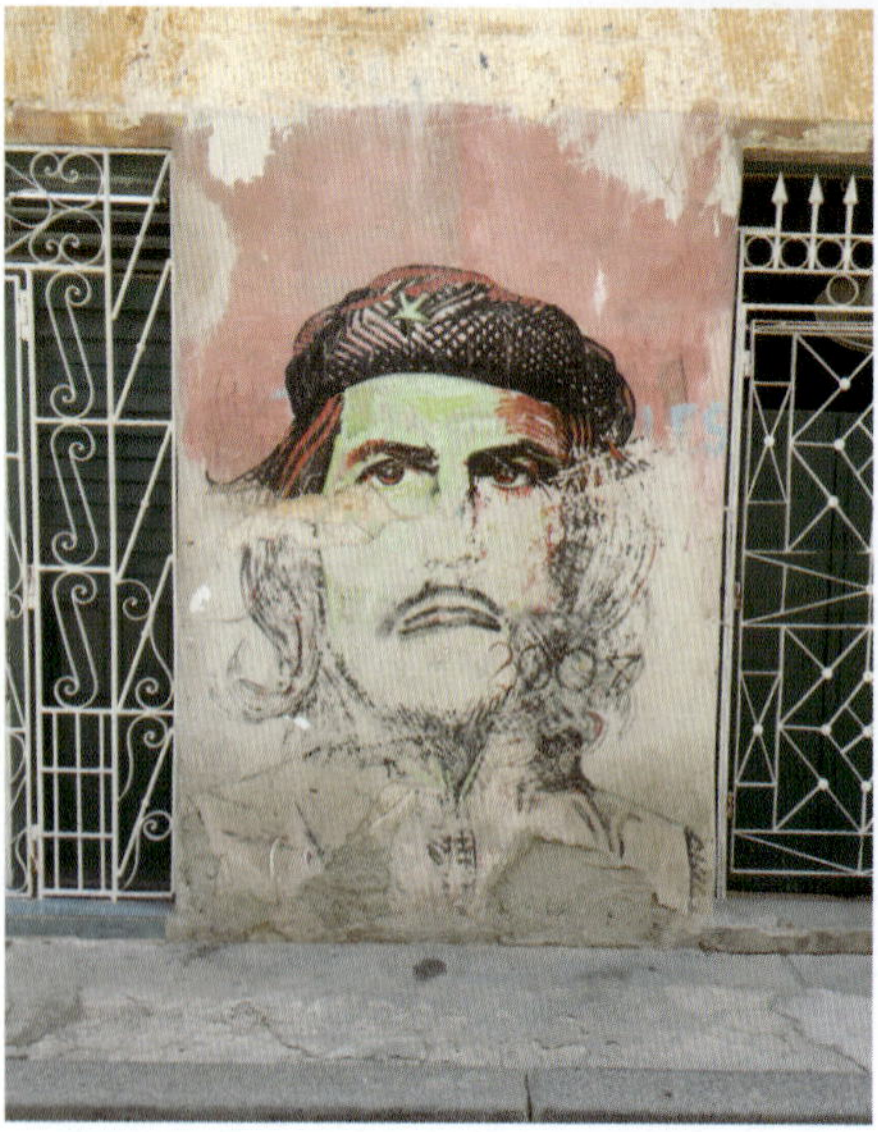

ハバナの壁画①

ハバナの至るところに、街の芸術家達の描いた壁画があります。これはゲバラでしょう。

②キューバを歩く

ハバナの壁画②
何の絵でしょう？

ハバナ旧市街から見たカピトリオ

青年の島にある居酒屋
海賊ジャック・スパロウを見かけたような気がしましたが……

ハバナのジャズクラブ
ハバナのジャズクラブ，ラ・ソラ・イ・エル・クエルボ（La Zorra y el Cuervo）。アフロ・キューバン・ジャズで毎日盛り上がっています。

②キューバを歩く

ハバナ旧市街にある郵便局のポスト

「スペイン郵便公社」と書いてありますから、なんと！スペイン統治終了後119年以上使っているのです。「もったいない」精神の象徴。

コンパイ・セグンドの墓

Buena Vista Social Clubのギタリスト・コンパイ・セグンド（Compay Segundo）の墓。サンティアゴ・デ・クーバのサンタ・エフィヘニア（Santa Efigenia）墓地。あの世までギターを持って行くミュージシャン魂は不滅！

②キューバを歩く

ハバナのコロン墓地
ここに眠るのはR2-D2ではなく、カタリナ・ラソという絶世の美女だそうです。

カピトリオ
キューバの国会議事堂。米国ワシントンの議事堂に似ています。

②キューバを歩く

ホテル・リビエラ
その昔キューバのマフィア界を仕切っていた米国人マイヤー・リンスキーが根城にしていたホテル。革命後に接収され今は国営ホテル。

カール・マルクス劇場
かつてブランキータ劇場と呼ばれていたのが革命後に接収されてこの名前になったもの。もちろん国営。

②キューバを歩く

ガジュマルの木

キューバではハグエイ（jagüey）と呼ばれています。キューバは石垣島と同じ緯度のためか、植物も沖縄と似通っています。

ハバナのロシア大使館

キューバにある最大の外国大使館で、街のランドマークになっています。1986年ソ連大使館として建設。

ハバナの海岸通りから見た夕日

③道

「横たわる警官」
キューバ語で「横たわる警官」(policía acostado) と呼ばれるモノ。住宅街などの道路にあり、カマボコ状にコンクリートが盛り上がっていて、自動車が減速しないと底を打ってしまうので、ゆっくり走らざるを得ない、という工夫です。なお、メキシコでは「ロバ倒し」(tumbaburros)、ブラジルでは「歯揺らし」(quebramolas)と、ユーモアに富んだ名前がついています。

ハバナの道路標識
5番街（東西に走る道）と4番通り（南北に走る道）の交差点であることを示しています。

ハバナのデコボコ道
ハバナはデコボコ道が多いので、下を見て歩かないと転んでしまいます。

③道

アルメンドロン
乗り合いタクシー。市民の重要な足です。

④衣

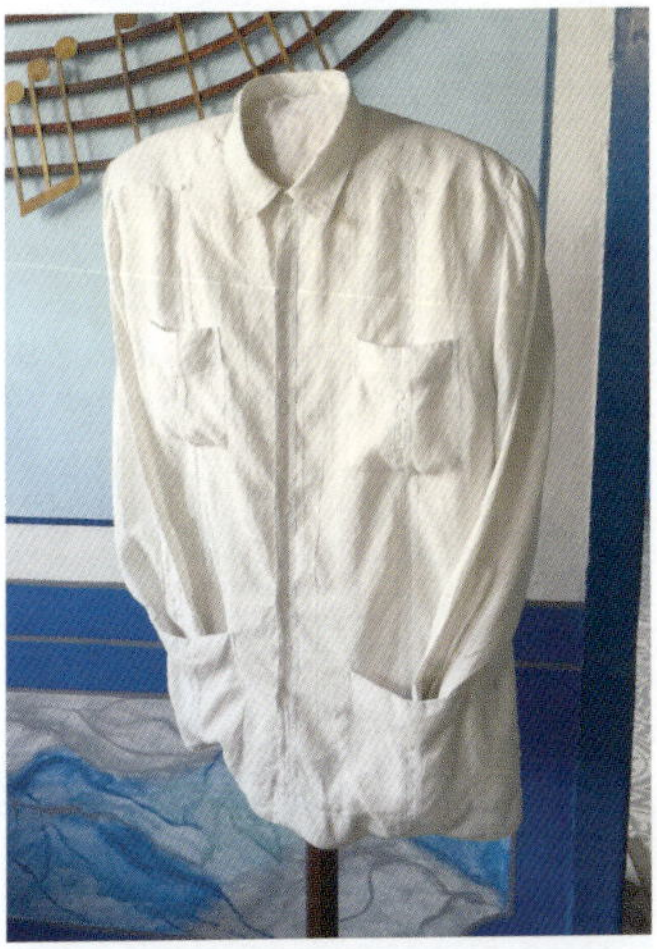

グアヤベラ(guayabera)
キューバの民族服です。長袖で白地ならば正装です。サンクティ・スピリトゥスのグアヤベラ博物館にて。

星条旗のシャツ
米国との難しい関係にもかかわらず，キューバでは星条旗をプリントしたシャツが大流行。旗の左右が逆なのは不思議ですが。

⑤食

スーパーの棚
本来はこの棚には肉やハムが置いてあるはずなのですが……

世界一高い！？コメ
世界一高いコメかも。ハバナのスーパーマーケットで見つけたこの輸入米は1kgで4.25CUC、日本円に換算すると約468円です。

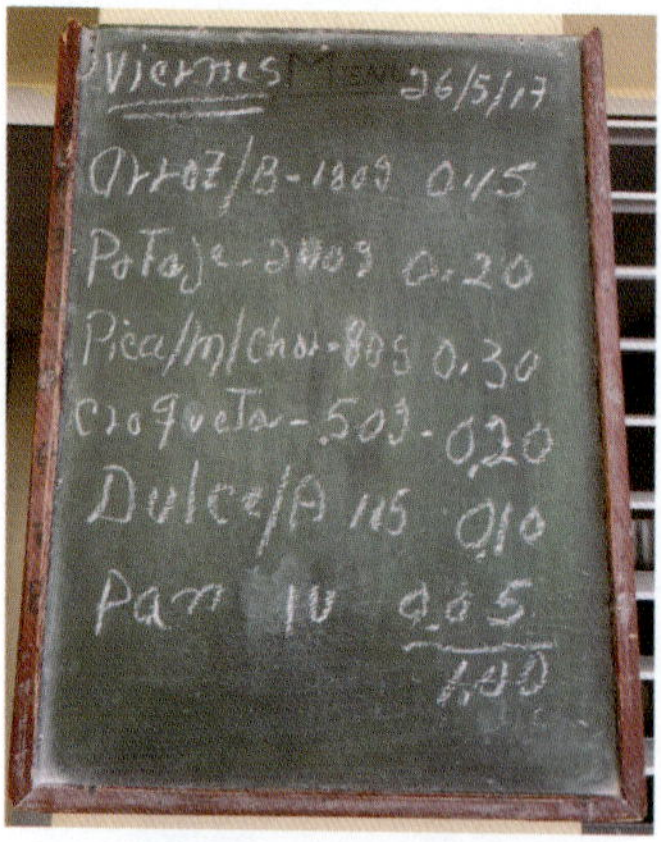

ホセ・マルティ大学の学食メニュー
ご飯、ポタージュ、挽肉、コロッケ、デザート、パンのセットで約4.5円。

豚の丸焼き
前日に約100kgの豚を買って60人のお客様に振る舞いました。キューバの豚はなかなかの美味です。

⑥革命

モンカダ兵舎

サンティアゴ・デ・クーバにある兵舎。1953年7月26日、フィデル・カストロ達がこの建物を襲撃したことからキューバ革命が始まります。いまだに生々しい弾痕が残っています。

ランドクルーザー

ハバナの革命博物館。1958年、革命軍が乗っていたというトヨタ・ランドクルーザー。

ミサイル

1962年ミサイル危機時、米国のU2偵察機を撃墜したミサイルの先端。サンティアゴ・デ・クーバの博物館にて。同型のミサイルというのでなく、ここにあるこのミサイルが撃墜したのだという説明でしたが……

⑦キューバ独立の父

ホセ・マルティの胸像
公共の建物には大抵置いてあります。

ホセ・マルティの墓
サンティアゴ・デ・クーバのサンタ・イフィヘニア墓地。

⑧キューバと有名人

ヘミングウェイ①

キューバで最も有名な米国人アーネスト・ヘミングウェイ。ハバナのバーLa Floriditaで、永遠にダイキリを飲んでいます。

ヘミングウェイ②

キューバ東部の町バヤモにあるキューバ唯一の蠟人形博物館にて。

⑧キューバと有名人

ジョン・レノンの像
おかげでここはジョン・レノン公園と呼ばれています。本来メガネをかけているのですが、しょっちゅうメガネが盗まれるそうです。

バー・イエローサブマリン
ジョン・レノンの公園の隣にあります。

⑨日本との関わり

ハバナ市街に立つ支倉常長像

1614年、慶長遣欧使節として派遣された伊達藩の支倉常長はハバナに立ち寄りますが、初めてキューバを訪問した日本人として知られています。

日系人慰霊堂

ハバナのコロン墓地内に1964年につくられた高さ9メートル、地下4メートルの慰霊堂。毎年11月に日系人慰霊堂参拝行事が行われています。

日本人収容所

太平洋戦争勃発に際し、敵国人として多くの日系人が収容されました。

⑩最近のキューバ

ラティノアメリカ球場

ハバナのラティノアメリカ球場。2016年3月、タンパベイ・レイズとキューバ・ナショナルチームの親善試合が、オバマ大統領とラウル・カストロ国家評議会議長の臨席を得てここで行われました。レイズが4-1で勝利。

ハバナの空港

米国とキューバの雪解けの一環で、運航が始まったばかりのニューヨーク～ハバナの定期商業便。これまではチャーター便しかなかった米国とキューバ間ですが、これで人の往来がより活発になることが期待されます。

ハリケーン・イルマの被害

2017年9月11日の風景です。ハバナの目抜き通りのトンネルが一夜にして巨大なプールになってしまいました。水を抜いたらサメがでてきたそうです。

知られざるキューバ

外交官が見たキューバのリアル

Watanabe Masaru
渡邉 優

ベレ出版

はじめに

キューバは不思議な国です。

キューバをこよなく愛する人々は世界中に大勢います。何が魅力なのでしょうか。15世紀にキューバを「発見」したコロンブスは、この島を「これまでに人類が見た中で最も美しい島」であると評しました。19世紀初頭に多くの中南米諸国が独立を遂げた際にもスペインはキューバを手放さず、同世紀末の米西戦争まで、4世紀にわたって死守しました。フィデル・カストロとラウル・カストロの父親アンヘルはスペイン軍人としてキューバ独立勢力と戦うためにキューバに派遣され、帰国後にキューバに戻ってきました。アンヘルのように多くのスペイン人がキューバに惹きつけられて移り住んできたのです。

１９５９年のキューバ革命後はどうでしょうか。革命政府は一転して共産主義国家となり、その体制には毀誉褒貶があるものの、依然として世界中にキューバ・ファンが多くいます。２０１７年にキューバを訪れた外国人の数は４６０万人に達しました。キューバ革命後は実に１１０万人ものキューバ人が米国に亡命し米国人となったのに、いまだに「私はキューバ人だ」という人がたくさんいます。捨てたはずの祖国を忘れられないのです。

キューバはいつも暑いし、停電や断水が頻繁に起こり、あらゆるモノが不足し、感染症がはびこるなど、不満を感じることが多いのですが、なぜキューバという国は依然として人を引き付けているのでしょうか。

私ども外務省勤務者は異文化を理解する意欲が満々です。初めての国に赴任する時には、歴史から政治、外交、経済、社会、文化、スポーツと大量の書籍や論文やメディアの情報を読み込み、体験者の話に耳を傾ける。これに数ヵ月の実生活体験が加わると、その国のことをわかったつもりになります。筆者自身、これまでスペイン（3回）、ブラジル（2回）、スイス、フィリピン、アルゼンチンといろいろな国に勤務し、これら諸国については一家言を持つつもりになっています。

しかし、キューバだけは別です。キューバに関する書籍は日本語でも英語でもスペイン語でも非常に多いけれど、その多くはキューバ革命関係だったり、フィデル・カストロやゲバラを扱ったものばかりです。キューバの政治や経済をめぐる基礎情報や日々の情報となると、ぐっと少なくなります。キューバで最も権威のある新聞は共産党機関紙のグランマですが、これが毎日10ページ前後しかありません。統計数字などは大いに苦労した末に結局見つからないことが多いのです。例えばキューバの外貨準備高。何とか知る方法はないかと探しても、それらしい数字にはいまだお目にかかれないでいます。

そういう政治経済基本データ以外にも、キューバに生活しているといつも「あれ?」と思う発見があり、新たな疑問が尽きません。2年以上暮らしても、毎日「後で調べてみよう」という調査事項が出てくるのに、調査結果の方は見つけ出すのにえらく苦労するか、どうしても見つからないので、住めば住むほどクエスチョン・マークが貯まり続け、押しつぶされそうになっていくのがキューバなのです。

それでも、私は不屈の精神をもって、人に問いかけ、自分の目で見て、自分の耳で聞いて、道に迷いつつキューバにかかわる無限の謎を解くべく努めています。多少なりとも謎解きのできたところからコツコツと書き記してきました。これをまとめたのが本書です。

ですから本書は、キューバについて体系的な構造や百科事典的な分析結果をまとめた学術論文ではなく、著者が日々疑問に感じ、とりあえずの回答らしきところを並べただけの、エッセイのようなものと思って読んでください。各項目に書かれた数字なども、国際機関の報告書のような原典に当たったものもあれば、公式発表がないためにキューバ内外の研究者やメディアが書いたものを、自ら検証できないまま使わせてもらっているところも混ざっているので、その分、眉に唾をつけて読んでください。

キューバは不思議がいっぱいの国です。読者の皆様も本書を読んでわかったつもりにならず、自らキューバに乗り込んで、日々新たな不思議を発見し、謎解きをしてください。本書がそのささやかなきっかけになれば望外の幸せです。
なお、本書は著者の責任において書いたものであって、所属する組織の見解や立場を述べたものではありません。

渡邉　優

◉本書の構成と目次

[経済]

◎主要産業：観光業、農林水産業（砂糖、タバコ、魚介類）、鉱業（石油、ニッケル）、医療・バイオ産業

◎国内総生産：約914億ペソ（2016年、国家統計局）

◎1人当たり国内総生産：8,130ペソ（同上）

◎経済成長率：1.6%（2017年、国家統計局）

◎貿易額（2016年、国家統計局、単位百万ペソ）：

輸出：13,648（物品：2,546、サービス：11,102）

輸入：11,204（物品：10,302、サービス：902）

◎主要貿易品目：

輸出：鉱物、化学品・医療品、食料品（砂糖、魚介類）、タバコ

輸入：燃料類、機械・輸送機械、食料品、工業・化学製品

◎主要貿易相手国（2016年、国家統計局）：中国、ベネズエラ、スペイン、カナダ、ブラジル、メキシコ

◎通貨：キューバ・ペソ（CUP）および兌換ペソ（CUC）

[日本・キューバ関係]

◎1929年外交関係開設、第二次世界大戦による中断を経て1952年外交関係再開

◎貿易関係（2016年、財務省貿易統計）

対日輸出17.58億円（たばこ、魚介類、コーヒー等）

対日輸入48.42億円（電気機器、一般機械、精密機器類等）

◎在留邦人：94人（2017年10月現在）

◎在日キューバ人：229人（2016年12月末現在、法務省）

◎在キューバ日系人：約1,200人

■キューバの基本情報

[概要]

◎面積：約11万㎢（本州の約半分）

◎人口：1,149万人（2017年、国家統計局。東京都とほぼ同じ）

◎首都：ハバナ（La Habana、人口は約213万人）

◎人種：ヨーロッパ系25%、混血50%、アフリカ系25%（推定）（キューバ政府発表の数値は異なる）

◎公用語：スペイン語

◎宗教：原則として自由。カトリック、アフリカ系サンテリアなど

◎気候：亜熱帯性の海洋性気候（ハバナの緯度は石垣島と同じ）

[政治・軍事]

◎政体：共産党を最高指導勢力とする社会主義国（共産主義国）

◎元首：ミゲル・マリオ・ディアスカネル・ベルムデス国家評議会議長

◎政府：閣僚評議会（内閣に相当）。ディアスカネル国家評議会議長が閣僚評議会議長（首相）を兼務

◎議会：1院制（人民権力全国議会、定員605名）、任期5年

◎軍：革命軍。現役49,000人（陸軍38,000人、海軍3,000人、空軍8,000人）、予備役39,000人。徴兵制あり。防衛費は非公開（2017年版ミリタリーバランス）

1986年　第3回共産党大会
1989年　ベルリンの壁崩壊
1990年　平時の緊急事態宣言
1991年　ソ連崩壊。第4回共産党大会。アンゴラ撤兵完了
1992年　憲法改正
1993年　人民権力全国議会選挙、外貨所持解禁等一定の自由化措置
1994年　米国への大量難民事件、米国・キューバ移民協議
1995年　外国投資法制定
1996年　米国のヘルムズ・バートン法成立
1997年　第5回共産党大会
1998年　ローマ法王ヨハネ・パウロ2世、キューバ訪問
1999年　第9回イベロアメリカ・サミット、ハバナで開催。エリアン少年事件
2000年　G77諸国の第1回南サミット、ハバナで開催
2001年　米国からの食糧輸入開始
2002年　グアンタナモ収容所開設。カーター米国元大統領、キューバ訪問
2006年　フィデル・カストロ国家評議会議長が弟のラウル同第一副議長に権限を暫定的に委譲。非同盟運動諸国首脳会議、ハバナで開催
2008年　ラウル・カストロが国家評議会議長兼閣僚評議会議長に就任
2009年　キューバ革命50周年。米国オバマ大統領就任、対キューバ制裁緩和開始、OASがキューバ除名決議を廃止（ただしキューバはいまだ復帰せず）
2011年　第6回共産党大会で、フィデル・カストロが共産党第一書記を退任し、弟のラウルが同第一書記に就任
2012年　ローマ法王ベネディクト16世、キューバ訪問
2014年　ラテンアメリカ・カリブ諸国共同体首脳会合、ハバナで開催。米国との外交関係再構築に向けた交渉開始を発表
2015年　米国・キューバ首脳会談（パナマの米州首脳会合で）。米国との外交関係再開、相互に大使館を正式設置。ローマ法王フランシスコ、キューバ訪問。岸田外務大臣、日本の外務大臣として初のキューバ訪問
2016年　第7回共産党大会。米国オバマ大統領キューバ訪問。安倍総理大臣、日本の総理大臣として初のキューバ訪問。フィデル・カストロ前国家評議会議長死去
2017年　米国トランプ政権発足、対キューバ新政策発表（キューバ軍との取引禁止、米国からキューバへの観光旅行を禁止）
2018年　ディアスカネル国家評議会第一副議長が同議長に就任

キューバの略史

紀元前8世紀頃　北米、南米から移り住んだ人々が最初のキューバ人。採集、狩猟、漁労の他、東部では農耕も行われていた。シボネイ、タイノ族等
1492年　コロンブスがキューバに到達
1511年　スペインがキューバ全土を制圧、スペインの植民地化
1519年　ハバナ市創設（2019年は500周年）
16世紀　製糖業開始。アフリカからの黒人奴隷導入
1607年　サンティアゴ・デ・クーバからハバナに首都移転
18世紀　ハバナとサンティアゴ・デ・クーバ、自由貿易港として繁栄
1868年　カルロス・マヌエル・デ・セスペデスが独立宣言、第一次独立戦争（十年戦争）開始
1878年　第一次独立戦争終結（キューバへの大幅な自治権付与）
1886年　奴隷解放令
1895年　第二次独立戦争開始。ホセ・マルティ戦死
1898年　米西戦争。パリ講和条約によりスペイン植民地から米国の軍政下に移管
1902年　独立。エストラーダ・パルマ大統領
1903年　米国との関係条約締結（米国のキューバ干渉権、グアンタナモ租借等）
1934年　米国との新関係条約締結（米国によるグアンタナモ租借を再確認）
1941年　対日宣戦布告
1952年　バティスタによるクーデター政権成立、日本との外交関係再開
1953年　カストロらがサンティアゴ・デ・クーバで兵営襲撃するも失敗
1956年　カストロらがキューバ東部に上陸、ゲリラ戦開始
1959年　バティスタが国外脱出、キューバ革命政権成立
1960年　ソ連と貿易援助協定調印、外国民間企業資産等接収
1961年　米国との外交関係断絶、米国による対キューバ禁輸措置開始、社会主義革命宣言、亡命キューバ人によるピッグズ湾侵攻事件
1962年　米州機構からキューバ除名、キューバ・ミサイル危機
1965年　キューバ共産党結成
1972年　コメコン加盟
1975年　第1回共産党大会。アンゴラ派兵開始
1976年　新憲法制定。人民権力全国会議（国会）発足、フィデル・カストロが国家評議会議長（元首）兼閣僚評議会議長（首相）に就任
1977年　米、キューバ双方の首都に利益代表部設置
1979年　非同盟運動諸国首脳会議、ハバナで開催
1980年　12.5万人のキューバ人が米国に亡命（マリエル港事件）。第2回共産党大会

第1章◉キューバの政治

1 共産主義は民主主義？

これまで、開発途上国には何回も勤務したので、日常生活や仕事が先進国のようにいかないのは慣れていたのですが、これに社会主義とか共産主義という政治的な特殊事情がくっついた国での勤務は、キューバが初めてです。

キューバ憲法には、「キューバは社会主義国家である」（第1条）、「キューバ共産党は、社会および国家の最高の指導勢力である」（第5条）と明確に記されています。これに対して日本や米国、西欧のような民主主義諸国は、国民の自由な選挙を通じて政府を選び、表現の自由や経済活動の自由といった基本的人権が守られている政治制度です。かつて英国のウィンストン・チャーチル首相が「民主主義は最悪の政治形態である、ただしこれまでに存在した他のすべての政治形態を除いて」と述べましたが、私も、いろいろ課題はあるけれど国民が幸せに暮らすための政治は民主制以外にはないと考えています。ですので、共産党一つしかないキューバでは民主主義という単語は慎重に使わないといけないのかなあ、と漠然と考えていました。

（注）「キューバは共産党が指導する社会主義国家」というのは少々解説が必要です。キューバ共産党によれば、社会主義はいずれ共産主義に移行し、共産主義では生産手段がすべて人民（国家）の所有になり、貨幣が廃止され、分配が労働でなく必要に応じて行われるようになります。キューバはこのような共産主義の実現を目指す共産党が指導する国ですが、いまだ社会主義段階にあるので、憲法上「社会主義国家」と規定されるというわけです。それではキューバの体制は社会主義かというと、「社会主義」という用語も曲者で、政治学の教科書には、いわゆる「社会主義」に二つの流れがあると書いてあります。一つは旧ソ連・東欧やキューバのように単一の政党（共産党や労働党）が国家のすべてを指導する体制で、通常は「共産主義」と呼ばれるものです。もう一つは、フェビアン主義の流れを汲む西欧型の社会主義で、「社会民主主義」とも言われています。フランスやポルトガルには文字通り「社会党」という名の政党があり大統領（ミッテラン大統領やソアレス大統領）や首相（ジョスパン首相やグテレス首相）を輩出していますが、前者とは水と油のように違う政党・政策であるのはよくご承知の通りです。このように大変ややこしいので、読者の混乱を避けるため、本書では、かつてのソビエト社会主義共和国連邦（ソ連）が「共産主義」諸国の代表選手とされていた故事にちなみ、キューバの政治体制は基本的に「共産主義」体制と記すことにします。

さて、このキューバに着任してみると、驚いたことに、キューバ政府は、自らの政体は民主主義であるという立場でした。一例を挙げれば、ロドリゲス外務大臣はあるインタビューで「私はキューバの民主主義に大変満足している」と述べるなど、政府の公式の立場としてキューバは民主主義国であると自己規定しているのです。

そういえば、過去にいろいろな国際会議やレセプションの場で、中華人民共和国の外交官達も、自国の政治体制を民主主義であるとしきりに喧伝していました。最初はジョークかと思ったのですが、どうやら本気で言っている様子だったのを思い出しました。国連安保理決議に反してミサイル発射や核実験を続けている某国も「民主主義」人民共和国と自称しています。

政治学上は、確かにソ連型の社会主義や共産主義は民主主義の一形態、しかも進歩した形態であるというのが社会主義・共産主義の主張でした。古くは、日本では民主主義の元祖のように見られているジャン・ジャック・ルソーあたりに、社会主義・共産主義＝民主主義という解釈の根っこが見られます。君主の意思でも神の意思でもなく人民の意思に基づいて政治を行う制度、即ち人民が主権者であるという政治制度が民主主義だというところまでは、キューバも含めて誰も異議がないところです。ルソーはここで、人民の意思の総体を一般意思と呼び、あたかも一国のすべての人々が一致して統一的な意思を持っているように考えます。そうすると、誰かが人民の一般意思を代表して統治をするとなれば、その国は民主主義であるというわけです。その誰かが共産党だったり労働党だったりする（しかしそれ以外の政党であってはいけない）のが現在のソ連型社会主義・共産主義諸国なのです。

彼我の間では、政治体制が全く異なるだけでなく、政治用語の意味も全然違うということを十分認識しておかないと、話がすれ違ってしまう、という教訓でした。政治体制の異なる国に住むというのは、言葉遣い一つをとっても、大変なことなのです。

2 共産党しか認められない理由

先日、キューバの新聞「フベントゥ・レベルデ」（抵抗する若者）に、来る人民権力諸議会選挙に備え、若い有権者を啓発するためにキューバの選挙制度を解説する記事が出ていました。議員の選出方法や議員の責任など計25の質問と答が記されていますが、これに加え特出しで「なぜキューバは単一政党制なのか？」（共産党以外の政党設立が禁止されているのはなぜか）という質問がありました。これに対する回答は以下の通りですが、これはかつてフィデル・カストロが議会で行ったスピーチの抜粋です。

「複数政党制というのは、社会を多数の断片に分断し、ばらばらにしておくための帝国主義の制度であり、問題を解決し自らの利益を擁護する能力を社会から奪うものである。

10個もの断片に分断された国は、支配し征服するのにうってつけの国である。なぜかといえば、国家の意思は多くの断片に分断されているために存在せず、国家の努力も分断され、知性もばらばらであり、そして社会の断片達が終わりなき争いに終始するためである。

第三世界の国にはそんなことをしている余裕がない。しかし現実はどうかというと、かつて多くの第三世界の国が征服され支配されており、そして今でもそのような例が見られるのである。

低開発という問題に直面し、困難な条件の下、今日の世界で発展していかざるを得ない社会には、一体性が不可欠なのは明白である。（中略）したがって、ただ一つの政党こそが、いつまでとは誰も予測できないが長期間にわたって、我々の社会の政治組織の形態であり、あるべきことを、私は強く確信している」

フィデル・カストロによると、途上国はすべて単一政党制（つまり共産党一党独裁）であるべし、ということにも繋がっていきます。そもそも複数政党制や自由選挙が途上国から問題解決能力を奪っているというのは、私たちの知る歴史とは異なるのですが、キューバではこれが公式の立場であることは、キューバを知る上で不可欠の知識です。

3 共産主義的応接室

キューバに着任直後は、毎日のように表敬訪問や挨拶廻りをしていました。訪問先の多くはキューバ政府・公的機関と、ハバナにある主要各国の大使の皆さんです。数十人に挨拶してきましたが、私を応接してくれる場所が二つのタイプに分かれることに気がつきました。

一つは、ご自分の執務室。民主主義国の大使の皆さんはこの方式です。机上には今にも雪崩を起こしそうなほど大量の書類が山積みで、応接セットのテーブルにも週刊誌やパンフレットが所狭しと置かれ、場合によってはテレビがつけっぱなしなど、雑然としているのが大多数です。でも「我が家へようこそ」という雰囲気で、温かい歓迎の気持ちが伝わってきます。西側諸国の進出企業トップの方々もこれと同じです。これまでの海外勤務を通じて、これが国際スタンダードの外交的応接パターンと思っていましたし、私自身がお客様をお迎えする時は、片付けをした上で自分の執務室にお通ししています。もっとも、訪問する相手が大臣や会長・社長といった方々であれば話は別で、どこの国でも立派な応接室に通されるのが普通です。この種の応接室はたいていビルの最上階にあって見晴らしがよいところです。

丸の内にある大企業のようなイメージです。

もう一つの種類は、キューバ外務省がその典型ですが、訪問者を応接するための専用の部屋が建物1階の入口横にあり、表敬訪問でも事務的な打ち合わせでも、必ずそこに通されるという応接スタイルです。ソファーやテーブルも整理整頓されコーヒーも出してくれるのですが、正直なところ、空気がひんやりして、少し心理的な距離感を感じる応接場所です（大臣や次官などにお会いする時には、前述のような特別の応接室があります）。キューバの政府や公共機関に加えて、現・元社会主義・共産主義国（中国、ベトナム、ラオス、ロシア等）の大使の方々は、例外なくこのタイプの、入口近くの応接室です。

共産主義の国では、なぜ自分の執務室で客を応接しないのか？　初めての共産主義国勤務なので、恥を忍んでいろいろな方に質問をぶつけてみました。公式の説明はなく諸説あるのですが、以下、私の耳にした中で一番面白かった説を二つ紹介します。

(1) 情報防護

外国人、特に外国大使という情報収集を任務とするような「危ない分子」を自分の執務室に入れると、外国製の超高性能小型盗聴器や監視カメラを仕掛けられる危険が伴う。したがって、外国大使を建物の奥深くに招き入れることは禁止されており、その危険が最も少ない場所、つまり建物入り口近くの特別の応接室を使うべし、という内規がある、という説です。ちなみに私は、そんな盗聴器を持っていませんので、念のため申し添えます。

(2) 録音施設

外国人との会話は、所属府省の上層部または諜報当局がすべてを録音あるいは録画し、職員が外国人との間で問題ある会話をしていないか監視される決まりになっている。しかし予算の制約があって、そういった録音装置やカメラは全職員の執務室に設置できず外国人用応接室だけにしかないので、外国人の応接はいつもその応接室だけで行われる、というのが第二説です。

何やらスパイ小説みたいな話ですね。私もこれ以上の詮索はしていないので、真相はわからずじまいですが、最近思いついた私の仮説があります。財政上の制約から各人の執務室が、来客用の椅子もソファーもおけないくらい狭いとか、そのため足の踏み場もない程に書類が散乱しているなど、実は全然大したことのない理由かもしれない、というものです。

読者の皆さん、外国出張の機会があったら、誰がどこで応接してくれるか、チェックしてはいかがでしょうか。もっとも、仮にそれが建物1階入り口近くの外国人用応接室であっても、なぜ執務室に通してくれないのかぶしつけに聞いたり、応接室の壁をキョロキョロ見回すような失礼はしてはいけません。

4 フィデル・カストロの生家

2016年11月25日、フィデル・カストロ前国家評議会議長が90歳で亡くなりました。奇遇なことに、その前週フィデルの生家を訪れる機会がありました。キューバ東部オルギン県のビランという村で、フィデルは1926年、弟のラウルは1931年に、父アンヘル・カストロと母リナ・ルスの間に生まれました。

スペインのガリシア州生まれの父アンヘルはスペイン軍の兵士として、スペイン領キューバで独立軍と戦った後にスペインに帰国しますが、今度は移民としてキューバに戻り、ビランに居を構えました。この地で巨万の富を蓄え、1万2000ヘクタールに及ぶ広大な土地を取得して、砂糖キビ、畜産、マンガンやニッケル等の鉱物採掘を営み、数百人に及ぶ従業員を雇っていました。敷地には、母屋の他、従業員のための食堂、飲み屋、郵便局、学校、親戚用の家屋、家族の娯楽棟、さらには闘鶏場があって、さながら一つの村のようでした。アンヘルは村長や族長のような存在でした。

フィデルは、このように大金持ちの息子として生まれ、サンティアゴ・デ・クーバのミッションスクール、ハバナ大学とエリートコースを進みながらも、反体制運動に身を投じたのです。革命後は名実ともにキューバの最高指導者になりますが、１９５９年の革命成就直後、真っ先に接収したのが、故郷ビランに父が所有する莫大な資産だったそうです。その後フィデルが最後まで住んでいたハバナの家は、他国の指導者達の豪華な御殿とは似ても似つかぬ、実に質素なものです。広大な生家と慎ましやかな晩年の住処の対照が、実に印象的でした。今回はフィデル追悼記念に、以下、写真をいくつか掲載します。

カストロ生家の母屋

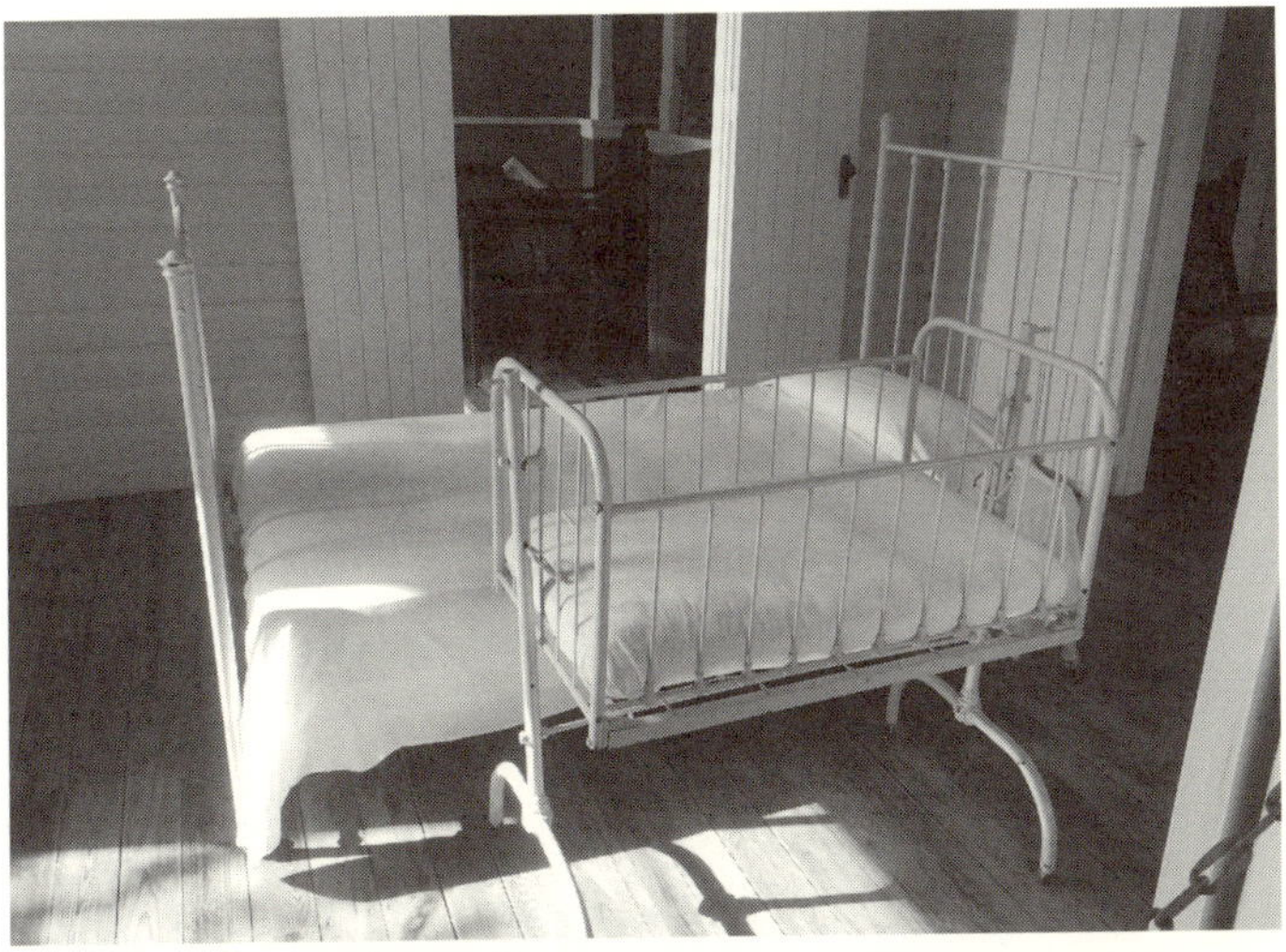

フィデルやラウルのベビーベッド

T型フォード

後列右から２番目フィデル、左端ラウル

5 2人の初代大統領

およそ外国に勤務する者が任国の事情をしっかり勉強するのは当然ですが、中でも歴史の学習はイロハのイですね。という決意でキューバの歴史を学んでいるのですが、「あれ?」と思うことが随分あります。その一つは「キューバの初代大統領は誰か」です。米国の初代大統領はジョージ・ワシントン、日本の初代総理大臣は伊藤博文など、およそ誤解の余地はあり得ないと思っていたのですが……。

1 カルロス・マヌエル・デ・セスペデス

多くのキューバ人は、初代大統領はカルロス・マヌエル・デ・セスペデスであると言います。調べて見ると、この人は1868年にキューバの独立を目指して宗主国スペインを相手に始まった闘争(十年戦争と呼ばれます)のリーダーとして活躍し、翌年には独立闘争軍の代表達から「大統領」に選出されます(その後1874年に戦死)。しかしこの闘争は、1878年にキューバへの自治権付与を条件としたスペインとの和解により終息します。キューバは法的には依然スペインの植民地として残り、独立には今しばらく時間を要するのです。「大統領」と言うからには、主権を持つ国家が存在し、その国家の法秩序の下に定められた政府と大統領という職のあることが前提ですから、理屈から言うと彼は厳密には「大統領」ではありませんでした。

しかし、キューバの人達は彼を「戦時中の大統領」と呼んで、心情的には「初代」大統領として尊敬しているのです。特に彼の出身地であるキューバ東部に出張したら、「当時キューバは独立していなかったでしょ」などと突っ込みを入れないのが身のためです。

2 トマス・エストラーダ・パルマ

トマス・エストラーダ・パルマもまた、独立を目指して１８６８年の十年戦争に参加した闘士でしたが、スペイン軍に捕らえられ、その後長く米国に滞在して米国の市民権も得ていました。１８９５年には再度独立戦争が始まりますが、その間１８９８年に米西戦争が勃発し、その結果キューバはスペインの植民地から米国の占領下に置かれ、独立は１９０２年まで待つことになるのです。独立に備えて大統領選挙が行われ、エストラーダ・パルマが当選し、１９０２年5月20日のキューバ独立とともに「初代」大統領に就任します。法的に言えば、彼が初代大統領なのです。

しかし、1959年の革命後には、革命前のキューバは米帝国下の「新植民地共和国」にすぎなかったとされます。あんなのは本当の独立ではない、というわけです。その上、エストラーダ・パルマは米国の市民権を持ち、独立を獲得するために米国のいろいろな要求を鵜呑みにした（例えば米国のキューバ干渉権を認めたプラット修正条項を受け入れた）、米帝国主義の手先であった、だから我々キューバ人の初代大統領などと呼ぶに値しない、というのが現在の評価です。キューバの国定歴史教科書は次のように記しています。

「エストラダ・パルマは1902年4月に帰国し、米国の干渉主義者が提供してくれた大統領の座に就いた。権力の移行日は1902年5月20日に決められた。この日、米軍によるキューバ島の軍事占領は正式に終了し、新植民地共和国が発足した。米国の経済的政治的支配の完結以外の何ものでもなかった」（『キューバの歴史―キューバ中学校歴史教科書 先史時代から現代まで』キューバ教育省編著、後藤政子訳、2011年、明石書店）。そういえば他の中南米諸国では多くの場合、国祭日は独立記念日ですが、キューバでは5月20日には何の祝賀行事もありません。

ところで、エストラーダ・パルマの来歴を調べていて思い出したのは、南宋の秦檜（シンカイ、Qin Hui）です。秦檜は、北宋を滅ぼし力を増していた金に抵抗しますが捕らえられ、帰国を許された後に南宋の高宗に仕えて宰相となり、強大国であった金と交渉を重ねて１１４２年、一部国土の割譲を含む和議を結びました。この和議が屈辱的であったとして、現在に至るまで中華人民共和国では売国奴と扱われ、彼とその妻の銅像につばを吐きかけるのが習慣になっているそうです。

相手が北方に位置するスーパーパワーだったこと、その強大国に住んだ経験があること、強大国に有利な合意を受け入れたこと、そして後日売国奴扱いされていること等の点で、エストラーダ・パルマにその姿が重なるのです。当時の南宋やキューバで、北方の大国に徹底抗戦すべきであったか、やむを得ず譲歩して交渉により独立を維持・獲得するのがよかったか、判断する立場にはありませんが、洋の東西を問わず、似たような状況下で似たようなことが起こるのだと感じました。

6 キューバの人権状況（米国務省報告書）

キューバは社会主義（共産主義）を標榜する国ですから、米国はじめ自由主義・民主主義諸国との間では、基本的人権についての価値観が大きく異なります。これが米国とキューバ間の対立点になっているのはご承知の通りです。米国の国務省は法律に基づき毎年世界中の国々（ただし米国は除く）の人権状況を調査し報告書として公表しています。２０１７年３月にはトランプ新政権発足後初めての人権状況報告書が出されました。

報告書の中身ですが、キューバが共産主義国として当然行っていること（共産党の指導的地位や言論の自由・通信の自由の制限等）に関する記述等、いわば当たり前のことが多い一方、事実関係（宗教団体に対する制限等）を確かめることができないのでコメントしようがない部分もあります。さらにこの報告書は、その日本関連部分に、日本政府によるメディアへの圧力の高まり云々といったトンチンカンな記述があることに現れているように、そのまま鵜呑みにすべき報告書ではないことも申し添えます。以下は報告書キューバ関係部分の要約です。今後の米国・キューバ関係の前提となる米国政府の認識を示すものとしてお読みください。

「キューバは国家評議会および閣僚評議会議長、共産党第一書記、軍・治安部隊の最高司令官であるラウル・カストロの率いる権威主義国家である。憲法は、共産党を唯一の合法政党であり、社会と国家の指導勢力であると認めている。政府は2015年4月の地方選挙を、手続き面ではそれなりに効率的に実施したが、この選挙は自由でも公正でもなかった。共産党の候補者委員会はすべての候補者を事前に選別し、政府は非共産党候補者を差別的に扱った。

軍のメンバーを含む国家の指導部は、軍・治安部隊に対する効果的な統制を維持した。主要な人権侵害として、市民が政府を選ぶ権利の制約、政府による脅し、身体的暴行、脅迫、平和的な反対者に対して政府が行う組織的な暴力活動、自由な表現と平和的な集会を妨げるための嫌がらせと拘禁があった。

さらに、以下のような人権侵害が続いた――刑務所の劣悪な状態、政治的理由による恣意的・短期的拘禁と逮捕、選択的訴追、公正な裁判の拒否や旅行の制限。当局は、私的な通信に対する厳しい監視と検閲によりプライバシーを侵害した。政府は言論と報道の自由を尊重しなかった。インターネット・アクセスを制限し、メディアの手段を独占し続け、学問の自由を制限し、未登録の宗教団体が行う集会に一定の制限を続けた。政府は、独立した人権団体を認めず、これら団体の合法的な活動を拒否した。さらに、政府は、労働者が独立した労働組合を形成し、労働者の権利を行使することを阻止し続けた。

政府の職員達は、上司の指導のもとに多くの人権侵害を行った。人権侵害者の不処罰が蔓延している」

キューバ政府はこの見解を全く受け入れていません。例えば2018年5月の国連人権理事会キューバ人権状況レビューで、ロドリゲス外相は、キューバは多くの人権関係条約に加盟し、国民の民主的権利が行使されており、民主的な社会主義革命を堅持している等、キューバの人権状況を擁護すると同時に、逆に米国こそが対キューバ経済制裁を行う人権侵害の張本人であると、米国を批判しています。

7 革命防衛委員会

共産主義諸国では、思想統制・教育、動員や情報管理のため多くの大衆組織が設置され、運営されています。キューバでも、キューバ労働組合連合（CTC）、キューバ女性連盟（FMC）、大学生連盟（FEU）、中等教育連盟（FEEM）、ピオネール（OPJM）などたくさんありますが、最も多くの人が参加し重要な役割を担っているのは革命防衛委員会（Comités de Defensa de la Revolución CDR）です。

キューバ共産党ホームページによれば、CDRは「革命防衛と社会主義の達成のためにすべての人民を動員することを目的とする大衆組織である」と定義されています。革命達成後間もない1960年に結成されました。全国各地の街区、地区、市、県、そして全国レベルと多層的なピラミッド型組織で、満14歳以上の国民760万人が所属しています。組織率は9割を超えています。

CDRの主な活動は次のとおりです。各街区ごとのCDRには、委員長と、その下に監視委員、イデオロギー委員、自発的労働委員という幹部がいて、それぞれの活動を統括しています。

1　相互監視

街区の各住民をめぐるあらゆる情報が委員長に報告されます。特に重要な情報は警察あるいはCDRの上部組織に報告される仕組みです。多くの人がある家に集まったり、大きな荷物が運び込まれたり、外国人がある家を訪れたり、まして宿泊するなどの動きはすべて報告されます。監視委員は時に夜回りで街区の監視をするとともに、各住民に情報提供を求めることができます。

2　住民登録

各街区CDRには住所登録帳と呼ばれる台帳があり、すべての住民の情報が記載されます。住所・氏名や年齢、家族構成はもちろん、交友関係、職歴や過去の政治的活動歴、政治的傾向などすべて記録されているそうです。住民が引越しするにはCDRの許可が必要で、引越し先ではまずこの台帳に記載されないと何も始まりません。家の修繕や改装をするにも、CDRの許可をもって市ごとの人民権力会議（日本で言えば区議会）に届け出をすることが求められます。

3　社会奉仕活動

街路の掃除、草刈り、ゴミ分別、献血への協力呼びかけ、社会的弱者への支援（高齢者世帯の世話など）等の仕事です。CDRがこういった「自発的な」奉仕活動を住民の間に割り振る役を果たします。面白い仕事の一つに、夜間の大音量音楽差し止め権限があります。夜中の12時を過ぎても大きな音で音楽を流してパーティーをやっている家に赴いて、音を消すよう指示するというのです。

4　その他

将来共産党に入党して幹部になりキューバの政治を動かすためには、まず共産主義青年同盟に加入してお勤めに精を出すことが必須ですが、その共産主義青年同盟に加盟するためには、CDRからの推薦が必要とされます。大学進学にも同じくCDRの推薦が求められます。

CDRはまた、街区の住民への配給手帳発給業務も担当しています。

1990年代以降は、選挙にも関与しており、選挙当日にはCDRの加入者達が街区中をまわり、投票を呼びかけます。

CDRは、上記のように、国民一人ひとりの生活のすみずみにわたって関与し、行政や政治活動との連携を司る組織で、時に戦前の日本にあった「隣組」のようだと言われることもあります。そもそもが、革命の成果を守るため、外国からの介入や現体制を脅かすおそれのある活動に対抗する組織として生まれたのですから、いわば体制の「目と耳」といってもよいでしょう。

このように大変な権力を持つCDRですが、最近の活動レベルは落ち目になっており、特に街区ごとの委員長のなり手がいないと言われています。何事にも品行方正たることを求められる委員長職など、犠牲を強いられるばかりでまっぴらごめんという話を聞いたことがあります。またCDRでの活動→共産主義青年同盟→共産党という出世コース自体が、多くの国民にとって昔ほど魅力的でなくなっているのかもしれません。共産党員数はかつての80万人から67万人に減っています。

CDRの活動レベルの衰えは個人的にも実感しています。街路の掃除や草刈りは本来重要な任務のはずですが、我が公邸の周辺では、過去1年以上、誰も何もしてくれません。夜間の音楽禁止も同様で、先日も夜中3時過ぎまでご近所の大音量音楽会が続いていました。こういった活動はもうちょっと頑張って欲しいのですが。

革命防衛委員会(CDR)のロゴ

集会の招集通知

8 あっと驚くキューバ憲法

いずれの国でも憲法は国の骨格を定める基本法規ですから、お国柄が表れます。キューバの現行憲法は１９７６年制定後、１９７８年、１９９２年と２００２年に一部改正されたものです。２０１１年に憲法改正の動きが始まり、２０１８年７月、新憲法草案が公表されました。本項執筆段階（２０１８年９月）では意見の公募や国民投票を経て公布に至るプロセスの最中ですが、大きな変更はないでしょうから、この草案に沿って、キューバらしさが滲み出ている規定をご紹介します。（以下抄訳、傍線とも筆者）

第１条「キューバは……法治国家、民主主義国家、独立国家、主権国家、そして社会主義国家である」

別の項にも書きましたが、キューバが社会主義であると同時に民主主義の国家であると、いきなり第１条に出てきて「あっと驚」いた次第です。

第3条「社会主義祖国の防衛は、キューバ人にとって最大の名誉であり、至上の義務である。祖国に対する裏切りは最も重大な犯罪であり、これを冒す者は最も厳しい制裁に処せられる」

第91条でも「祖国に奉仕し、これを防衛すること」や「法に従って兵役或いは社会的役務を提供すること」が国民の果たすべき義務とされています。日本国憲法にはない徴兵制の根拠となる憲法の規定ですので、特出しで書きました。

「この憲法により確立された社会主義と革命的政治・社会制度は覆すことができない」

その昔、日本国憲法改正について、基本的部分即ち国民主権と人権尊重と平和主義は改正してはならない（だから第9条の改正は駄目だ）という、高名な学者の説がありました。この説は、明治憲法から現行憲法への改正時は基本的部分が根幹から変わったので憲法改正でなく「革命」だったと続くのですが、「では革命と呼んで憲法改正をするなら同じですね」などと突っ込みを入れる度胸はありませんでした。

「市民は、他の手段がない場合には武力闘争を含むあらゆる方法を用いて、この憲法により確立された政治的・社会的・経済的秩序の破壊を企てる者と戦う権利を有する」

ずいぶん勇ましい内容ですが、具体的にこれがどのように法律に書かれ、実際に運用されているのかわかりません。例えば反体制派のデモが拡大して抑えきれなくなった時は、誰でもピストルを使ってこれを阻止してよいのか、などと心配をしてしまいます。

第5条「キューバ共産党は、単一、マルティ主義、マルクス・レーニン主義、そして前衛(の党)であり……、社会および国家の最高指導勢力である」

これは共産主義国でよく見られる記述なので、特にキューバ的ではないかもしれませんが、一政党の性格や位置付けがここまで明確な表現で書かれていることに少々驚いた次第です。なおハバナの街では「(共産)党は前衛である」という、ちょっとレトロな響きのスローガンが随所に見られます。

第12条「キューバ共和国は、不平等な条件下で取り決められ、あるいはキューバの主権と領土の一体性を否定しまたは減ずる条約、協定及び譲許を拒否し、不法で無効なものと見なす。いかなる国との経済、外交および政治関係も、決して大国の攻撃、脅迫または強制の下で交渉してはならない」

本条は国家主権を守る意思の表明という意味で、もっともな内容ですから「あっと驚く」ことではないのですが、債務問題などで苦労させられる時、もしやその背景にはこの条文があるのかな等と疑ってみたくなるので、あえて書き出しました。

第20条「キューバ共和国においては、主要な所有形態としての、基本的な生産手段の全人民による社会主義的所有と、経済の計画的な指導に基づく経済制度が適用される」

社会主義経済の基本である、主要生産手段の国有と計画経済が規定されています。この草案では、初めて「一部の生産手段の私的所有」も認められ（第21条）、この点が新基軸として注目されていますが、同時に生産手段所有の主役はあくまで国家であると謳っているのです。

第22条「国家は、自然人または非国営の法人による所有の集中がないよう規制する」

所有の集中とは、例えば自営業者が大いに働いて財産を殖やして富を蓄積することです。このような事態は、社会主義の基本原則である平等や社会的正義に反するということです。

第27条「国家は、国の経済活動を指導し、規制し、統制する。社会主義的計画は、経済社会開発を指導するシステムの中心となる要素である」

共産主義・社会主義経済運営の基本である、国家による指導と計画経済の原則を示したものです。キューバ経済を見る上で基本中の基本です。「経済計画」ではなくて「計画経済」ですのでご注意ください。需要（例えば今年キューバ国民はビールを何本飲むか）も供給（今年キューバで何本ビールを生産し何本輸入するか）も国家が判断し決定することになっています。実際、キューバが数年前ブラジルからビールを輸入した際、とても暑い夏だったのですぐに売り切れてしまい、製造元のＡＭＢＥＶ社が追加輸出のオファーをしたけれど、キューバ側から「すでに今年の計画輸入量（つまり国家が判断した需要）に達した」という理由で受け付けて貰えなかったそうです。

第60条「……主要なマスメディアは、……全人民の社会主義的所有に属する」

ご承知のとおり、キューバで見られるテレビ、ラジオ、新聞、雑誌はすべて国営です。

第95条「国家は、……教育・科学・文化を指導し、振興し奨励する」

キューバでは、教育は国家の責任であり権限ですから、あらゆる教育機関は国営です。もちろん教科書も国定です。

「芸術的創造は自由であり、その内容はキューバの社会主義的社会の価値を尊重するものとする」

何が「社会主義的社会の価値」なのか、必ずしも明確ではありません。映画や文芸作品の中には、わりと「きわどい」内容のものもありますので、ある程度の柔軟性は運用上認められているようです。

第224条　「いかなる場合でも、第3条に定める社会主義及び政治・社会制度の不可謬性並びに、第12条に定める大国の攻撃、脅迫または強制下での交渉禁止に関する箇所は改正できない」

要するに第3条と第12条は改正まかりならんという規定です。2002年の改正で加わった条文が改正草案でもほぼそのまま踏襲されています。当時は米国ブッシュ政権下で米国・キューバ関係がかなり悪かったことを反映して追加された条項です。でも諸行無常の世の中ですから、将来第3条と第12条を改正しようという時にはどうするのだろうかと考えてしまいます。第224条の改正自体が大変な国内問題になってしまうのでしょうね。

9 キューバ国籍は永遠です

在キューバ米国大使館のホームページで不思議な「お知らせ」を見つけました。ざっとこんな内容です。

(1)キューバ政府は、キューバ生まれの米国市民をキューバ人として扱います……[中略]……1971年1月1日以降にキューバを離れたキューバ・米国二重国籍保持者は、キューバに出入国する際にキューバ旅券を使うよう求められます。

(2)キューバ当局は二重国籍保持者の逮捕につき米国大使館に通報せず、また米国による領事面会を拒否することがあります。

キューバは自国民が二重国籍を認めない国と聞いていたので、変だと思って憲法を読み返したら、第32条第2項と第3項にこう書いてありました。

第2項「二重国籍は認められない。したがって他の国籍を取得した場合にはキューバ国籍を喪失する」

第3項「国籍喪失の手続および本件所管の当局は、法律によりこれを定める」

どうやら第3項に鍵がありそうですが、その法律なるものを探そうとしても見つかりません（キューバでは、何事につけ原典を見つけるのが非常に困難です）。そこで何人かのキューバ人に聞いてみたら、次のような事情がわかってきました。たいていのキューバ人は米国に親戚がいるせいでしょうか、こういった国籍、移住や出入国の手続きにもの凄く詳しいので驚かされます。

（1）キューバ生まれのキューバ人が米国に逃れて米国籍を取得しても、自動的にキューバ国籍を喪失するのではない。キューバ国籍喪失のためには、本人がキューバに戻り司法省に出頭してキューバ国籍抹消を申請し、それが承認されてキューバの官報に告示されることが必要で、それまでの間はキューバ国籍は継続する。ほとんどのキューバ系米国人はそんな面倒なことをしないし、仮に司法省に申請をしても承認の手続きが事実上放置されているので、結果として、キューバ当局にとっては「キューバ人は永遠にキューバ人である」。

（2）しかしながら、遙かな昔に米国に逃れた人は、そもそも革命政府の発行したキューバ旅券を持っていないし、いずれにせよキューバ国籍喪失手続きなどしないので、キューバ政府は便宜上1971年1月1日を境とし、それ以前に米国に行った人は米国人として米国旅券で（しかしキューバの査証を取得して）、それ以後の人はキューバ人としてキューバ旅券でそれぞれキューバに出入国する、と整理している。

（3）ただし、現に米国に住み米国人として生活しているキューバ系米国人つまり二重国籍保持者（米国に去ったのが1971年1月1日以降であってキューバ旅券を持ってキューバに入国するとされている人であっても）は、キューバに旅行や仕事で戻ってきた際に、生粋のキューバ人と全く同じに扱われることはなく、いろいろな面で外国人扱いとなる。

米国・キューバ二重国籍保持者がどんな局面でキューバ人として、または米国人として取り扱われるのか、明確・明示的な線引きはないようです。例えば教育や医療の無償提供も、配給制度の恩恵にもあずかれません。この辺はよく理解できますが、冒頭の在キューバ米国大使館のお知らせにあるように、キューバ当局が二重国籍者を逮捕してキューバ人として扱うならば、在ハバナの米国大使館領事が領事面会をできないかもしれないということです。極端な例ですが、若いキューバ系米国人がキューバに旅行したら徴兵されてしまうのでしょうか。メルクマールがないと不安ですね。私は米国籍もキューバ国籍も持っていないので安心ですが。

先日マイアミからハバナ行きの航空機に乗る際、チェックイン手続きがやたら煩雑で、自動チェックイン機に「あなたが米国に移住したのは1971年1月1日以前ですか？」という質問が表れたのを思い出しました（私は風体も国籍も100％日本人ですが、それでも念のために質問することになっているのでしょうか）。もし私がキューバ系米国人だったら、遙かに複雑な事態に遭遇するのでしょう。米国に在住する200万のキューバ系米国人がキューバに戻って自由に活動し、キューバ経済に貢献できるようになるには、今少し時間がかかるようです。

（注）2018年7月に公表された新憲法草案では、二重国籍禁止条項は見当たりませんが、代わりに「キューバ市民は、国内において、法の定めるところに従ってキューバ市民として律せられる。外国籍を利用することはできない」（第35条）という規定があります。憲法が発効し、法整備を経て実際にどう運用されるか見極める必要はありますが、二重国籍・多重国籍者はキューバではすべてキューバ人として扱う、ということですから、ますます「キューバ国籍は永遠」になりそうな雲行きです。

10 キューバのメーデー

キューバでは毎年5月1日に、全国で650万人、首都ハバナで80万人以上が参加するメーデーの行進が行われます。キューバの人口が1,100万人ですから大変な人出です。

首都ハバナのメーデー行事は市の中心にある広大な革命広場で行われます。革命広場や周辺の道路は、文字通り立錐《りっすい》の余地もないくらい多くの人、人、人で埋め尽くされます（p.54写真）。この広場で午前7時30分に行事開始、労働者中央会議の書記長が演説を行い、続いて各種の職能団体、官公庁、学生諸団体、各地からやってきた諸団体などが延々と午前9時まで行進をします。

ラウル・カストロ共産党第一書記やディアスカネル国家評議会議長はじめ要人はずっと立ったまま行進の参加者に手を振っています。ラウルは軍服、ディアスカネルは野球帽という出で立ちでした。

行進が続く間ずっと司会者がよく通る声で、参加する団体を紹介するとともに、キューバ革命や社会主義を称えるスローガンを大音量で叫び続けます。メーデーはもともと労働者の権利の要求や国際連帯を訴える日なのですが、キューバでは賃上げ、ブラック企業処罰、公務員スト権要求等はあまり関心の対象ではなかったようです。多くのスローガンは、「革命万歳」、「フィデル万歳」、「ベネズエラ人民への連帯！」、「米国は経済制裁をやめろ」云々でした。

商売柄、80万人もが参加する行事のロジスティックスはどうなっているのかと気になって情報収集しました。毎年の行事とはいえ、規模が規模ですから、準備は政府組織をあげて数週間前から進められます。交通規制、警備、演台や椅子の準備、音響装置などもさることながら、特に人の動きに関わる段取りは肝要です。

80万人の人が自発的に集まり整然と広場に並ぶことは不可能ですから、周到な計画の下、各事業所や津々浦々の行政末端組織を通じて出される詳細な指示に基づいて動員されます。大学生団体は当日の午前0時、もっと小さい子供達は同午前3時に集合、といった具合に、真夜中から朝にかけて徐々に広場が埋まっていきます。外交団は行事開始1時間半前の午前6時に集合ですが、その頃には広場もそこに至る主要道路も概ね埋まり、すでにマスゲームやブラスバンドの演奏が開始されています。彼らが計画通りに広場に到着できるよう、集合・輸送には町中のバスが使われ参加者を連れてきます。

さてここからは、この行事への参加は楽でないという話です。革命広場には、北京の天安門広場と違ってお手洗いがありません。広場は行事開始までは冷え込みますが、日が上ると炎天下の強い日差しを浴びます。でも日よけになるものはありません。私は最初の年にペットボトルを持たずに行って難儀した記憶があります（その後は外交団と招待者用にミネラルウォーターが準備されています）。雨よけの屋根もありませんが、降雨の際の「雨儀」もありません。2017年の5月1日には昼過ぎから雨になり、ぎりぎりセーフでした。その昔、大雨の中でフィデル・カストロがこの広場で超満員の大衆を前に何時間も演説をした話はキューバでよく知られていますが、雨などモノともしないのがキューバ魂なのでしょう。外交団や各国の労働団体代表者等の来賓には席がありますが、他の80万人は座るところがなく、ずっと立ちっぱなしです。参加者の皆さん、お疲れ様です。

このような大規模なロジスティックスのおかげで、メーデー行進はいつも整然と終わるのですが、2017年には一つだけ小さなハプニングがありました。行進開始の直前、要人、外交団や外国プレスなど数多くの人達が見守る中、1人の男が星条旗を振りかざしながらどこからか広場に走り出てきたのです。すぐに私服警官が10人以上飛び出して彼を制圧し、連れ出しましたが、直ちに外国メディアやSNSで世界中にその画像が流れました。世界中に知られてしまったからでしょうか、翌日の共産党機関紙グランマでも言及され「前科者だった」と報じられています。国家の重要行事の進行を乱すのはとても褒められたことではなく制止されるべきは当然ですが、随分荒っぽい制圧という印象でした。

最後に一つクイズです。

問：メーデー行進の最中、強い日差しのせいで倒れそうになったら何と言えばよいか？

答：メーデー！（M'aider＝フランス語で「助けて！」。船が遭難しそうになった時に無線で「メーデー、メーデー」と叫ぶ、あれです）

ハバナのメーデー行進

11 徴兵制

今の日本にはなじみのない徴兵制ですが、世界には徴兵制を維持する国も多く、若い人達が一定期間軍事訓練を受けています。最近では技術や兵器の進歩により一人ひとりの兵士に要求される能力水準が高まり、そのため世の中の趨勢は志願兵制度に向かっているのではないかと推察しますが、日本の近隣諸国はもちろん、西欧の民主主義諸国（永世中立のスイス、オーストリアは当然として、フィンランド、デンマーク、ギリシャ、ノルウェー等）でも徴兵制を採用しています。

キューバにも徴兵制があります。しかもキューバ憲法には、先にご紹介したように「社会主義祖国の防衛は、キューバ人にとって最大の名誉であり、至上の義務である。祖国に対する裏切りは最も重大な犯罪であり、これを冒す者は最も厳しい制裁に処せられる」と書かれていますから、半端ではありません。

主権者の最大の義務は国と国民の防衛です。フランス革命の例を引くまでもなく国民が主権を持つ国では国民皆兵が当然である、という意味では、民主主義を自称する限りキューバのような徴兵制は政治学的に筋が通っているのです。

この憲法を受け、キューバの徴兵制は国防法と兵役令にその詳細が定めれており、実際の運用は革命軍と内務省が司っています。

原則として17歳を迎えるすべてのキューバ人男子には2年間の兵役義務が発生し、28歳までにこれを修了することが義務づけられています。16歳になると居住する市に軍籍登録し、身体検査を受け、5週間にわたる兵役準備訓練を受けます。彼らがこの訓練期間中に学ぶ科目は、キューバ独立の精神、マルクス・レーニン主義、作戦、射撃、歩兵訓練、体力訓練、エンジニアリング、規則、衛生、防御などです。

さて、この訓練を終えた後の兵役開始時期や配属先については、各人が各県ごとに設けられた徴兵委員会に希望を申請することができますが、革命軍事省と内務省が、各軍・部隊のニーズや各候補者の訓練中の成績、家庭状況などを斟酌の上決定します。どうせ兵役につくならばと、トム・クルーズ主演の映画「トップ・ガン」にあこがれて海軍や空軍のパイロットを目指しても、キューバ革命軍現役の人数は陸軍が圧倒的に多いので、陸軍に行く人が多いそうです。

原則はすべての男子に義務が課されているものの、いわゆる兵役免除の制度もあります。身体あるいは精神的な障害がある者は兵役が免除され、上記の徴兵委員会が医師の報告に基づいて審査し判断される仕組みです。この他、当該兵役年齢該当者が一家の大黒柱として生活を支えているような場合にも兵役は免除され、その代わりに、在宅勤務の代替兵役に従事し給与を受領するとともに、所要の軍事訓練を受けることになります。

女性は兵役が免除されます。しかし兵役を希望する女性に対しては、特別の志願女性兵役が用意されています。期間は1年と短く、体術的な面では男性よりも緩やかな訓練ですが、兵舎での共同生活などを含む他の面では男性の兵役と変わりません。

兵役期間については例外が設けられており、大学修了者は2年間でなく14ヵ月です。また革命軍事省の決定があれば、兵役従事により早期の卒業が認められることもあります。

最後にいわゆる徴兵拒否ですが、あの厳しい憲法の精神を体現した刑法の規定により、3ヵ月から1年間の自由剝奪刑あるいは罰金が科されます。

12 勇ましいスローガン

キューバに旅行や出張でいらした皆さん、街中で政治的スローガンを見たことはありませんか？　ここでいうスローガンとは、主に政治的な思想を人々に浸透させるための、語呂が良い簡潔な標語のことです。日本では「欲しがりません勝つまでは」、「TPP断固阻止」、等が有名でした。

最近の日本では、平和と安定が続いているおかげでしょうか、士気を鼓舞し国民を動員するようなものは見かけませんが、キューバでは、町中の至る所でたくさんの勇ましいスローガンを見かけます。本項では私が気に入ったキューバのスローガン10選をご紹介します（以下、カギカッコ内の日本語は勝手訳で、それに続く注釈も無手勝流です）。

1　「革命は無敵なり」（La Revolución es invencible.）」　キューバでは「革命」と言えば、言うまでもなく1959年のキューバ革命のことです。

2　**「党は革命の前衛**（El partido es la vanguardia de la Revolución.）」　「党」とは、唯一無二の政党であるキューバ共産党のことです。「前衛」という政治用語も、今や懐かしい響きがします。

3　**「団結こそ我らの力**（Nuestra fuerza es la unidad.）」　仰る通りです。

4　**「何よりも祖国！**（La patria ante todo.）」　思わず和訳に「！」をつけてしまいました。自らの利害や希望を言う前に、まず祖国を思い、祖国のために尽くすのだぞ、という強いメッセージです。

5　**「我々のキューバ**（Cuba es nuestra.）」　外国からキューバの政治体制についてあれこれ言われたくない、自国のことは自分達が決めるのだ、という趣旨でしょう。キューバがキューバ人のキューバであるのは、当たり前です。

6　**「闘い続けよう**（Seguimos en combate.）」　帝国主義勢力は依然として我々に挑発と挑戦を続けている。このような侵略者どもに負けず、勇ましく闘いを続けようではないか、という声が聞こえてきそうです（p.61写真）。

7「キューバならできる（Cuba sí se puede.）」バラク・オバマ前米国大統領の「Yes, we can.」を思い出します。

8「労働者の団結、革命の保証（La unidad de los trabajadores, garantía de la Revolución.）」労働者組織はキューバ体制の中で重要な役割を果たしており、「労働者」という名前の新聞も発行しています。

9「未来はすべて社会主義にあり（El futuro pertenece por entero al socialismo.）」社会主義に対する大変な自信と信頼を訴える内容ですね。

10「革命防衛委員会は不滅の組織（Una organización que nació para ser eterna.）」社会の隅々まで広く深く浸透している革命防衛委員会は、今でも大きな力を持っています。

およそスローガンは、ある思想を人々の頭に常に擦り込み続けないと忘れられてしまうのではないか、という不安感を前提にしています。だからこそ人々が常に目にする、目立つ場所に貼ってあるのです。ところが、毎日毎日同じスローガンを目にして、これが日常の一部になってしまうと、かえってマンネリ化して効能が薄れてしまうのではないかと、他人事ながら心配になります。私達も、試験勉強が近づくと「毎日が真剣勝負」などと壁に貼って頑張りますが、1年中貼ってあったら飽きが来ますよね。

そこで、毎月1回新しいキャッチコピーをキューバ政府に提供する商売を始めてはどうだろうか、と思いつきました。例えば、「改革か死か（Reforma o muerte.）」、「ガソリンの一滴は血の一滴」（Gota de gasolina, gota de sangre.）、「開国は成長だ（Cuba abierta, resuelta a crecer.）」……我ながら良い出来だと悦に入ったのですが……キューバでは、コピーライターが自営業として認められていないことに気がつきました。お粗末でした。

「闘い続けよう」のスローガン

13 フィデル・カストロ語録

その昔、中華人民共和国の方々や外国の中国研究家達にとって毛沢東語録が必読書と言われた時期がありました。1949年の政変の立役者の言葉ですから、儒者にとっての論語のように神聖なものだったのでしょう。今では彼の国の方と話していても、毛沢東語録が話題になることはありません。

一方キューバでは、1959年革命の主役フィデル・カストロ前国家評議会議長の言葉は今でも頻繁に目にします。フィデル・カストロ語録を本気でまとめようとすると一生かかっても終わらないので、今回は私の好みで選んだ「フィデル10選」をご紹介します（和訳は著者の勝手訳です）。

1 「私を断罪せよ。それはどうでもよいことだ。歴史は私に無罪を宣告するだろう(Condenadme, no importa, la Historia me absolverá.)」 1953年、フィデル・カストロをはじめとする若き革命家達は、サンティアゴ・デ・クーバにあるモンカダ兵舎を襲撃しますが失敗に終わり、多くの同志が死亡、フィデル達は逮捕され裁判にかけられます。その裁判の席で、法学士フィデルが自らを弁護して述べた名句がこれです。

2　**「私の髭は祖国にとって多くのことを表している。良き統治の約束をすべて果たした時には髭を剃るつもりだ**（Mi barba significa muchas cosas para mi país. Cuando hayamos cumplido nuestra promesa de un buen gobierno, me afeitaré la barba.）」　１９５９年、革命直後の発言です。２０１６年11月25日にフィデル・カストロは死去しますが、その時髭を剃っていたか否かはわかりません。９月にお目にかかった時は髭がふさふさでした。

3　**「祖国か死か**（Patria o muerte.）」「**勝利あるのみ**（Venceremos.）」　１９６０年の演説から。演説の締めくくりにフィデルが「祖国か死か」と聴衆に呼びかけ、聴衆一同が声を合わせて「勝利あるのみ」と答えるというパターンは当時の流行でした。

4　**「この革命は貧者の、貧者とともにする、貧者のための社会主義的、民主主義的な革命である**（Esta es la Revolución socialista y democrática de los humildes, con los humildes y para los humildes.）」　１９６１年の演説です。ところでこのフレーズ、どこかで聞いたような響きがありませんか？　フィデル演説の１００年ほど前のことです……「人民の人民による人民のための政治を地上から決して絶滅させないために……（government of the people, by the people, for the people, shall not perish from the earth)」。ご存じ、エイブラハム・リンカーンのゲティスバーグ演説（１８６３年）です。もう一つ思い出したのは、アルゼンチン・ペロン党の演説によく出てくる“descamisados”（満足にシャツも買えないような貧しい人々）。貴方達（聴衆）と我々は同志であると連帯感を強調するために、同じ単語を浴びせかけるように繰り返す、上手な演説のテクニックです。

5　「革命にこそすべてがある。反革命には何もない（Dentro de la Revolución, todo; contra la Revolución, nada.)」　１９６１年、学識経験者との意見交換会で述べられた言葉。成就した革命の成果を守るため、革命精神に反するものはすべて拒絶するという強い意志の表示です。

6　「人は逝く、しかし共産党は不滅だ（Los hombres mueren, el Partido es inmortal.)」　１９７３年７月26日、モンカダ兵舎襲撃20周年記念行事での発言。この発言の翌年、長嶋茂雄選手が現役最後の試合後のセレモニーで「我が巨人軍は永久に不滅です」と述べたシーンは、今でも鮮明に覚えています。脱線ついでですが「芸術は長く、人生は短い」というヒポクラテスの言葉も時々耳にします。最も永く続くのはキューバ共産党か、ジャイアンツか、芸術か？

7 「世界の諸問題が核兵器によって解決されるという幻想は、もういい加減にしてくれ。（核）爆弾は腹をすかせた人々や病人や無辜の民を殺すことができるが、空腹や病気や無知をなくすことはできない（Basta ya de la ilusión de que los problemas del mundo se puedan resolver con armas nucleares. Las bombas podrán matar a los hambrientos, a los enfermos, a los ignorantes, pero no pueden matar el hambre, las enfermedades, la ignorancia.)」　１９７９年の国連総会における演説。仰る通りです。１９６２年10月のキューバ・ミサイル危機で煮え湯を飲まされたことが、核兵器に関する考え方が変わるきっかけになったのでしょうか。このフィデルの名言を北朝鮮当局者に聞かせてあげたいですね。

8 「我々は歴史上最も困難な時期にある。（米）帝国を前に、一人ぼっちになってしまった（Estamos en uno de los períodos más difíciles de nuestra historia, porque nos hemos tenido que quedar solos frente al Imperio, solitos.)」　１９９１年ソ連崩壊時の演説から。なおキューバ

では「帝国」は米国と同意義です。経済・軍事等ほとんどすべてをソ連に頼ってきたキューバですから、ソ連がなくなり米国を中心とした新国際秩序といったビジョンが生まれたこの時、大きな不安を感じたことは間違いありません。ソ連崩壊後にキューバが体験した困難な時期は「特別な時期」と呼ばれています。

9 「革命とは、変革されるべきものすべてを変革することである」

(Revolución es cambiar todo lo que debe ser cambiado.)」２０００年5月のメーデー演説から。このフレーズもその後行政機関の壁などに貼られて一世を風靡します。１９５９年革命から41年後の発言ですが、まだまだ変えるべきことがあるということでしょうか。

10 「キューバは耐えてきたし、これからも耐えていく。決して施しを乞うことはない

(Cuba ha resistido y resistirá. No extenderá jamás sus manos pidiendo limosnas.)」２００９年4月にフィデルが共産党機関誌グランマに寄稿した記事の言葉です。オバマ米国大統領が就任後に、キューバ系米国人のキューバ渡航を緩和すると発表した後の投稿です。フィデルは、オバマ大統領の政策転換により米国キューバ外交関係が回復されオバマ大統領がキューバを訪問した後も、米国政府には強い憤りを感じていたようです。

キューバの人達はフィデルの言葉をよく覚えていますから、キューバ人と話す機会があったら、引用してはどうでしょうか。距離感が縮まりますよ。

90歳を迎えたフィデル・カストロ（2016年9月）

14 フィデル・カストロの葬儀

２０１６年11月25日（金）20時29分、フィデル・カストロ前国家評議会議長は永遠に旅立ちました。享年90。その３ヵ月ほど前の８月13日には、フィデルの90歳の誕生日を祝う式典が市内カール・マルクス劇場で催されフィデル自身が参加、９月22日にはキューバを訪問中の安倍総理と会談したばかりでした。私自身、両行事に陪席しましたが、高齢のゆえ身体の衰えこそ目立ったものの、饒舌にいろいろなテーマで話をする姿を目の当たりにしていただけに、感慨深いものがありました。

死去のニュース直後から28日の葬儀まで、大使館を挙げて文字通り一睡もせず連絡、情報収集・分析、調整などにあたりましたが、１９５９年のキューバ革命以来、最高指導者が亡くなった例がないだけに、我々以上にキューバ政府の方々こそ大変だったでしょう。

葬儀は、28日の19時から23時頃まで、ハバナ市内の革命広場で、キューバ政府や共産党、革命軍幹部の他、一般市民、約60ヵ国からの弔問使節や私達外交団等、合計約１００万人と言われる大勢の参加を得て執り行われました。日本からは古屋圭司衆議院議員（日本キューバ友好議員連盟会長）が総理大臣の特使として葬儀に参加するとともに、ラウル・カストロ国家評議会議長、ディアスカネル国家評議会第一副議長（いずれも当時）他と懇談しました。

葬儀は、17ヵ国の代表者が次々に登壇してフィデルの功績を称える演説を行い、最後にラウル・カストロ国家評議会議長が弔辞を行うという形式でした。フィデル自身は若い頃に洗礼を受けているので、あるいはカトリック式のミサになるのかなとも思いましたが、宗教的色彩の一切ない葬儀でした。

葬儀で登壇した17ヵ国代表の多くは左派政権、途上国あるいはキューバと特に関係の強い中南米諸国の代表で、多くが国家元首レベルでした。中南米諸国の代表達（コレア・エクアドル大統領、モラレス・ボリビア大統領、オルテガ・ニカラグア大統領、マドゥロ・ベネズエラ大統領）は、フィデルの行った革命の歴史およびその後の教育・医療政策を賞賛、米国の「帝国主義」に屈せず、一つのラテンアメリカを目指すフィデルの遺志を継ぎたいという内容。アフリカ諸国の発言者（ズマ・南アフリカ大統領、ガインゴブ・ナミビア大統領）は、植民地解放とアパルトヘイトの廃絶に向けたフィデルの協力に感謝の意を示しつつ、キューバとの連帯を表明する内容の演説でした。その他、総じてフィデルの教育・医療政策、キューバが途上国のリーダーとして果たしてきた役割を紹介しつつ、フィデルの人間的魅力を称え、自由と平等というフィデルの遺志を継いだキューバおよびキューバ国民との関係を今後も発展させたいという演説でした。

葬儀の締め括りとなったラウル・カストロ国家評議会議長の弔辞は、およそ次のような内容でした。
○皆さん、ご心配なく、私で最後です（注：ここは注書きが必要です。ラウルの弔辞に至るまで、すでに4時間近く17人の各国代表が演説を繰り広げ、長い人は32分も喋っていたため、参列者の演説疲れに配慮して冒頭にこう言ったのでしょう）。
○フィデルは、弱者の弱者による弱者のための社会主義社会を先導した。その中でアパルトヘイトや帝国主義との闘いを貫いた。
○フィデルの政策とアイデアと精神が国民に共有されてきた。多くのキューバ人が犠牲となったテロ行為を非難する。
○キューバの半世紀以上の歴史の舞台となった革命広場において、我々の献身的で、士気の高い、勇ましい国民とともにこの言葉を、フィデルに捧げよう。「永遠の勝利を！」。
ハバナの葬儀は以上の次第ですが、革命の英雄の死去ということで、その他にも国全体で以下の通り多くの追悼行事が行われました。

○国喪期間は11月26日から12月4日までの9日間。この間は歌舞音曲はもちろん、レストランでのアルコールの提供も抑制されていました。
○ハバナでの弔問期間は11月26日から29日まで、革命広場にあるホセ・マルティ記念博物館に多くの人々が列を成して弔問を続けていました。
○遺体は死去の後直ちに荼毘に付された後、11月30日、東に向けて追悼車列でハバナ発、各地を巡回の後12月3日にサンティアゴ・デ・クーバに到着、同地のアントニオ・マセオ広場で改めて葬儀実施。
○12月4日朝、遺灰を同市のサンタ・イフィヘニア墓地に埋葬。キューバ独立の父ホセ・マルティが眠る墓地です。

フィデルの遺言として法制化され、守られていることが一つあります。それは、フィデルの名を道路や広場や建物に付してはならない、フィデルの銅像や記念碑を建ててはならないということです。こういう遺言を残せるリーダーはなかなか見当たりません。この人柄のおかげでしょうか、今でも市内随所に「フィデル万歳」というスローガンが見られます。

15 ポスト・カストロ時代のキューバ

２０１８年4月19日、国会にあたる人民権力全国議会でラウル・カストロの後任として、ミゲル・ディアスカネル・ベルムデスが国家評議会議長（国家元首）兼閣僚評議会議長（首相）に選出されました。海外のメディアでは「60年ぶりにカストロ兄弟以外がトップに」、「世代交代するキューバ」といった見出しで大きく報じられました。

今回の政権交替を理解するため、革命キューバの歴史を簡単に振り返ってみましょう。１９５９年のキューバ革命で、フィデル・カストロ（当時32歳）、ラウル（27歳）の兄弟をはじめとする革命勢力が勝利。当初フィデルは政治にはタッチしない方針でしたが同年2月に首相に就任し、以降17年間ドルティコス大統領とのコンビで国政を担いましたが、実権を握っていたのはカストロ首相でした。１９７６年には新憲法により統治機構が改編され、フィデルは国家評議会議長（国家元首）と閣僚評議会議長（行政府の長即ち首相）を兼ねることになりました。２００６年にはフィデルが病に倒れて弟のラウルが後を継ぎました。先に紹介した通りキューバでは共産党が「社会と国家の最高指導勢力」ですが、フィデルは1965年の結党時から、2011年にラウルにその地位を譲るまで第一書記でしたから、党のヒエラルキーでもカストロ兄弟がずっとトップという体制です。

このように、約60年にわたってカストロ兄弟が国家の実権を担う間、キューバは冷戦、米国による経済制裁、ミサイル危機、ソ連の崩壊、経済困難、ハリケーン、部分的経済改革の試み、米国との外交関係回復など、様々な出来事を経験してきました。革命キューバの歴史は即ちカストロ政権の歴史だったのです。今回「カストロという名字を持たない指導者」が誕生する初めての政権交替が世界の注目を集めたのも当然です。しかも、86歳のラウルから57歳の若手へのバトンタッチですから、ますますキューバの将来に関心が高まったのです。

さて、新指導者のディアスカネルとはどんな人なのでしょうか。1960年生まれの「革命後世代」で、大学で電子工学を専攻。地方で共産主義青年同盟や共産党地方支部の幹部を経て、高等教育大臣、閣僚評議会副議長（副首相）、国家評議会第一副議長兼閣僚評議会第一副議長と、着々と出世の階段を上り、かねてからラウルの後継者と見られてきた人です。2016年には訪日し、安倍総理はじめ政府要人や日本企業関係者と会談、広島を訪問するなど多彩な日程をこなしました。私もこの訪日に同行しましたが、日本のいろいろな姿に大いに関心を示し知的好奇心旺盛な方との印象を持ちました。また東京ドームのブルペンで剛速球を披露し、レセプションで玄人はだしのサルサを踊るなど、多芸多才ぶりにも驚かされました。共産党地方幹部の頃には自転車で通勤したり気軽に人々と会話をする等、開放的な性格で知られていました。同時に、共産党の教義に非常に忠実で反体制派に厳しい方針とも言われています。

今回の政権交替を控えて海外では、かつてソ連末期に老齢の指導者から若いゴルバチョフ書記長に世代交代した時代を思い出して、あるいはキューバでも同じことが起こるのではないか、という予測も一部にありました。

そこで、ディアスカネルの就任にあたって、キューバの未来について、どのような方向性が打ち出されたのか、彼の就任演説から拾ってみました。結論を言えば「継続」です。「我々は、フィデル前議長から受け継いだ規範及び現在のリーダーであるラウル司令官の教えに忠実である」、「第7回共産党大会において優先事項は確定されており、自分は（既定の）計画を遂行するのみである」、「資本主義への回帰の可能性は皆無であり、革命を守り、社会主義の改善を継続する」、外交面でも「キューバの外交は従来の姿勢を踏襲し、変更することはない」といった既定路線の継続を重視する立場を明確に述べていました。また前任者ラウルの役割についても、「ラウルは……共産党第一書記として引き続き政治の先頭に立つ」として、共産党が主導するキューバの体制が依然有効であることを再確認しました（ラウルの共産党第一書記としての任期は２０２１年まで、残り3年あります）。

そうはいっても、経済の立て直しをはじめ多くの課題を抱えるキューバです。既定の政策で打ち出されたものの未達成の宿題がたくさんあります。二重通貨・多重為替制度の見直し、配給制度等重い国庫負担の見直し、自営業者等の経済への一層の組み込み等、これらの課題について、国家元首兼首相であるディアスカネルの新政権がラウルの率いる共産党の支持を得つつ、どこまで深く、どんなスピード感を以て果敢に実行していくのか、世界が注目しています。

第2章◉キューバの経済

1 幻のハバナ憲章

京都議定書、パリ条約等々、しばしば国際条約が署名地の名を冠して呼ばれます。署名の行われた都市の宣伝になり、国としても国際的な貢献をした印象を与えます。日本も気候変動に関する「京都議定書」のおかげで、地球環境問題解決の旗手のように見られていた時期がありました。

さて、ＧＡＴＴやＷＴＯに関心を持つ方は「ハバナ憲章」をご存知ですか？　条文を読んだことはありますか？　忙しくてそんな昔の死文を呼んでいる暇はないのが普通だと思います。私もキューバに赴任した機会に意を決して、初めて目を通しました。

第二次大戦後、ＩＭＦや世銀と並ぶ国際経済組織の核として、国連の下で、国際貿易や雇用、開発を司る国際貿易機関（ＩＴＯ）の設立を目指して国際交渉が行われ、１９４８年３月、キューバの首都ハバナで交渉が妥結、「ハバナ憲章（Havana Charter for an International Trade Organization）」が署名されました。第2章「雇用と経済活動」、第3章「経済開発と復興」、第4章「貿易政策」、第5章「制限的商慣行」、第6章「国際商品協定」、第7章「国際貿易機関」、第8章「紛争解決」等の幅広いテーマについて規定する、大変野心的な内容です。

一方で、当時の緊急課題であった関税の引き下げ等について別途の国際会議が同時期に行われ、こちらの方は1947年に「関税および貿易に関する一般協定案」が合意され、しかも米国議会等の反対を避けて早く発効させるため、そのうち議論を呼びそうな第2部（輸出数量制限などの貿易制限の除去）は国内法の範囲でできることをやればよいという「暫定適用に関する議定書」も作って発効させました。

当時はいずれ両者が一緒になると想定されていたようですが、その後、ITOの方はハードルが高すぎて各国（特に米国）の批准を得られず、日の目を見ずに終わってしまい、「とりあえず」のはずだったGATTの方が、1995年の世界貿易機関（WTO）成立まで、世界貿易の中心的な機関として活躍することになったのはご存じの通りです。

なお、ハバナの名をつけた国際的な文書としては、ICAOの1928年「ハバナ条約」（すでに新しい名前の条約に取って代わられています）、2003年「砂漠化に関するハバナ宣言」くらいで、ハバナの知名度は今一つです。

2 不思議な給与支払い方法

キューバの通貨制度と進出企業の給与支払い方法についての話です。キューバには二つの通貨が流通しています。一つは兌換ペソ（CUC）で、1ドル＝1CUCが公定レートです。主に外国人がレストランやホテルで使う通貨ですが、外貨にアクセスのあるキューバ人も使っています。もう一つは人民ペソ（CUP）で、外貨に関係のないキューバ人がタクシーに乗ったりキューバ人用地元マーケットで買い物をする際など、日常生活で使っている通貨です。両替所で1CUCを出すと24CUPくれます（逆にCUPからCUCに替える時の換金率は1：25です）。大きなスーパーマーケットの値段表示は双方の通貨で、例えば「1CUCまたは25CUP」と書いてあります。

ところが、「いつでもどこでも1CUC→24CUP」と覚えてしまうと大間違いです。キューバ政府の判断により、1CUCが1CUP、2CUPまたは10CUPだったりするのです。

例えば、日本の四星商事（仮称）がハバナに事務所を構えるにあたって、現地従業員を雇うケースを想定してください。キューバでは直接雇用はできないので、国営の人材派遣会社に行って「英語ができる」、「大卒」等の希望条件を述べたら、カルロスさんが派遣されてきました。基本給は７００ＣＵＣ（＝７００ドル）／月。給与支払い日に本社から四星商事ハバナ事務所の口座に７００ドルが送金され、預金されます。

さて給与支払い日、給与の７００ＣＵＣ（＝７００ドル）は四星商事ハバナ事務所から本人でなくまず国営人材派遣会社に送金されます（その他派遣料等の支払いがあるのですがここでは省略）。しかし人材派遣会社からカルロスさんに渡るのは兌換ペソの７００ＣＵＣではなく、人民ペソの１６，８００ＣＵＰ（７００×24、つまり実勢レートでＣＵＰに換算した額）でもなく、７００ＣＵＰなのです。人材派遣会社つまりキューバ政府にとっては１ＣＵＣ＝１ＣＵＰ（換算率１：１）というわけです。７００ＣＵＣ（７００ドル）の給料を期待していたであろうカ

20ペソ紙幣（上がCUC、下がCUP。人物は革命の英雄カミロ・シエンフエゴス）

ルロスさんは、７００ＣＵＰ即ち実質購買力ベースで（７００÷24＝）29ドルしか貰えないのです。差額の（７００―29＝）６７１ＣＵＰは人材派遣会社即ち政府の懐に入ります。なお、国営企業従業員の平均月給は７９９ＣＵＰです。

もっとも、もし四星商事が外資１００％でなく、キューバの国営企業と合弁事業を営むケースだと、カルロスさんの給与は１、４００ＣＵＰ（換算率は１：１でなく１：２）、ハバナ近郊の開発特区に進出した場合には7、０００ＣＵＰ（換算率１：10）になります。

多くの外国企業は、従業員のインセンティヴを上げるため、この基本給与とは別に、ボーナスを毎月支給しています。もっとも仮に５００ＣＵＣのボーナスを支給すると、２００ＣＵＣ（約40％）程度をさらに所得税として政府に収めることになるのが実態です。

この給与支払いの仕組みは進出企業にとって、実に頭の痛い問題の一つです。

3 キューバの国内総生産

キューバに着任して以来、いまだにわからないのが、キューバの経済指標です。経済指標の1丁目1番地である国内総生産（GDP）からして、実態不明なのです。

キューバの公式統計には、GDPが914億ペソ（CUP）、1人当たりGDP8，130ペソ（同。いずれも2016年、国家統計局）とあります。政府の公式レートでは1CUP（人民ペソ）＝1CUC（兌換ペソ）＝1ドルなので、キューバのGDPは914億ドル、1人当たりGDPは8，130ドルとなります。でもちょっと待ってください。他国の1人当たりGDPと比べるとしっくりしないのです。キューバが8，130ドルというのは、例えばフィリピン2，953ドル、タイ5，970ドル、ガーナ1，552ドルよりもずっと高い数字ですが、キューバの経済水準はこれらの諸国より低いのではないかというのが、私の肌感覚です。

公式統計と実感が異なる原因は、キューバの裁量的な二重通貨・多重為替制度にあります。前項でご説明したように、CUPをCUCに替える時のレートが、両替所では1：25（実勢レート）なのに、場合により1：2、1：10あるいは上記の政府公式レート1：1など、変幻自在です。

仮にキューバにおけるすべての経済活動が実勢レートである1CUC＝25CUPで行われていれば、1人当たりGDPは8、130÷25＝約325ドルです。私が知るアフリカの最貧国リベリアは745ドルですが、双方の街並みや工業施設や人々の生活ぶりからして、キューバの経済水準は、リベリアよりは上ではないかと感じます。この実勢レート計算は公式統計（8、130ドル）よりはずっと感覚に近いけれど、少し修正を要する感じがします。

真実の数字はないものかと、主要国や国際機関のキューバ経済統計を探したのですが、どれもキューバ政府の立場（1ペソ＝1ドル）を採用した数字しか載っていません。そもそも、キューバにおけるあらゆる個々の経済活動について、どちらの通貨が使用され、どのレートで換金されているかをすべて把握し、それをGDP計算にどのように反映させるのが正しいのかを承知している人がいるのでしょうか。キューバのGDPをドル建てで国際比較することは不可能、というのが正解ではないか、と安易な結論を出したくなります。

キューバ政府はこの二重通貨・多重為替制度の統一が必要であると認識し、すでに2011年に統一の決意を打ち出していますが、その後進展はありません。CUCを廃止してCU

Pに一本化する方針のようですが、今後のスケジュールは発表されていません。現地の方によれば、年末が近づくといつも「来年1月からCUCは使えなくなるらしい」という噂が流れるそうです。私自身は、通貨統合と変動相場による為替決定メカニズムによって、早くキューバ経済の実態が世界に知られることが大切だと確信し、時々政府当局や経済学者等に「○月○日にCUC廃止と宣言してしまえば簡単じゃないですか」と勧めているのですが、回答は決まって「インフレや経済の安定などいろいろ考えるべきことが多く容易ではないのだ」というもので、見通しははっきりしません。

何の根拠もありませんが、前に述べた私の「直感指数」を適用すると、キューバの1人当たりGDPは745ドル（リベリア）と1、552ドル（ガーナ）の間で結構ガーナに近い、ということになります。私の直感指数より説得的だろうと思われる手法で、「夜の明るさとGDP水準は比例する」という理論があると聞きました。米国のある大学でこういう研究が行われているようですが、個人的には素晴らしいアプローチだと思いますので、いつか訪ねてみたいと思っています。

いずれにせよ、ここまで統計数字が裁量的でよくわからない国に勤務するのは初めてなので、経済実態の把握や見通しの分析に苦労しています。何かよい知恵があったら教えてください。

（注）２０１７年12月、現在コロンビアで大学教授をしているビダル教授（元キューバ中央銀行のエコノミスト）が、独自の試算により、キューバの１人当たりＧＤＰは３、０１６ドルという推定値を出しています。

◎1人当たり名目GDP　2016年

順位	国名	GDP額（ドル）
1	ルクセンブルク	101797
2	スイス	80311
8	米国	57559
23	日本	38983
71	ロシア	8900
75	中国	8116
87	タイ	5970
128	フィリピン	2953
147	ガーナ	1552
159	ミャンマー	1210
172	リベリア	745
191	南スーダン	250

4 経済自由度ランキング

外国で生活していると、自分の住む国が世界でどのあたりに位置するのか気になるものです。経済規模が世界○○位とか産油量が世界△△位とか、幸福度ランキングが日本と同じだとか、データを見つけた時にメモしておく人が多いと思います。キューバでもこれを心がけているのですが、キューバ発の客観的な数字がなかなか入手できず苦労しています。今回は最近見つけた「経済自由度ランキング」を中心に、キューバ経済が外部からどう見られているかを紹介します。

米国の保守系シンクタンク「ヘリテージ財団」が２０１７年経済自由度指数を発表しました。この指数は世界の国々の経済自由度を、４分野12項目（注）にわたって評価し１００点満点で採点するものです。点が高ければ自由度が高く、低いほど自由度が低くなります。

（注）１　法の支配（財産権、政府の清廉度、司法の能力）

２　政府のサイズ（政府支出、税負担、財政健全性）

3　規制の効率（ビジネスの自由度、労働の自由度、通貨の自由度）
4　開放された市場（貿易の自由度、投資の自由度、金融の自由度）

これによるとキューバの経済自由度は、100点満点中33・9点で、調査対象186ヵ国のうち第178位。ブービー賞179位はベネズエラ、ビリの180位は北朝鮮でした（イラクやリビア等6ヵ国は圏外です）。このランキングではまた、各国をその自由度により「自由」（100点～80点）、「ほぼ自由」（79・9点～70点）、「やや自由」（69・9点～60点）、「ほぼ不自由」（59・9点～50点）、「不自由」（49・9点～40点）、「圏外」とクラス分けしています。この基準を厳密に適用するとキューバは圏外となるはずですが、なぜか「不自由」に分類されています。そもそも自由主義経済を否定し国家統制経済を根本に据えるキューバを「自由度」で計れば、キューバの得点が低くなるのは当たり前なので、驚くに値しない結果ではあります。それでも昨年の29・8点より4・1ポイント上昇です。

世界平均は60・9点、米州平均は60・6点。なお成績の良いのは、第1位香港（89・9点）、第2位シンガポール（88・6点）、第3位ニュージーランド（83・7点）。日本は第40位（69・6点）でした。我が日本国はそんなに低いのかと、一瞬意外な感じがしましたが、上記の項目に照らしてみると思い当たることは結構ありますね。

さてキューバに戻ると、今回の指標にはキューバ経済について次のような概括的な説明がついています。「キューバ経済に対する国家の統制は広く浸透し、非効率的で、雇用を増やすはずの民間部門の発展を妨げている。肥大した政府部門は最大の雇用者で、多くの労働力を吸い上げている。過去数十年にわたって効果的な経済改革が行われなかった後、政府は経済を立て直しその効率を改善するために、私的な雇用に関する規制を緩和した。キューバの潜在的な企業家たちは、長い間厳しい政府の統制と制度的な欠陥という足枷をはめられてきた。司法は政治的介入からの自由を享受せず、私的財産は厳しく規制されている。過剰な官僚主義と諸規則の透明性欠如は、貿易と投資を引き続き制限している」。

ところで、経済自由度という時、私たちがよく引用するのが世界銀行グループの「Ease of Doing Business Ranking」です。世界190ヵ国に順位をつけているのですが、2017年のランキングを見たら、キューバはどこを探しても出てきません。考えてみたらキューバは世銀メンバーでなく、このランキングの圏外でした。

ついでに、格付け会社のキューバ評価も探しましたが、S&PにもFitchにもキューバの評価は出てきません。やっとMoody's Global Credit Researchで探したキューバ（政府の発行する債務に対する）格付けは“Caa2 stable”でした。同社の解説によると、Caaという格付けは「投機的で安全性が低いとみなされ、信用リスクが極めて高い債務に対する格付け」だそうです。

◎経済自由度ランキング　2017年

順位	国名	自由度
1	香港	89.9
2	シンガポール	88.6
3	ニュージーランド	83.7
17	米国	75.1
40	日本	69.6
111	中国	57.4
114	ロシア	57.1
118	ガーナ	56.2
161	リベリア	49.1
177	コンゴ民主共和国	40.0
178	キューバ	33.9
179	ベネズエラ	27.0
180	北朝鮮	4.9

5 キューバとケインズ

キューバ着任以来、米国、欧州、日本など世界中の企業が出張者や調査ミッションを頻繁にキューバに派遣しているのに驚いています。2017年には延べ300社以上の日本企業がキューバにやってきました。キューバとのビジネスに高い関心を持っていることがひしひしと感じられます。なぜこんなにたくさんのミッションが世界中からキューバに来ているのか？　キューバの近隣諸国に派遣される経済ミッション数と比して、キューバは文字通り桁が違うようです。何か特別な背景があるはずだ、と考えて思いをめぐらせました。

はたと思いついた説明は、昔習ったケインズです。英国の経済学者ジョン・メイナード・ケインズは有名な「一般理論」の中で、株式投資家の行動を「美人投票」に譬えていました。100枚の写真の中から最も美人と思う人に投票してもらい、最も投票の多かった美人に投票した人達に賞品を与える投票のやり方です。賞品を得るためには（つまり株の取引で多くの利潤を得るためには）自分が買いたい会社の株でなく、より多くの人が買うだろうと予測される社の株を買うという訳です。その予測の根拠は、ちょっとした話題を含めた世間の「評判」または「人気」かもしれません。いろいろな経済調査機関の厳しい点数にかかわらず各国企業のキューバ詣が続いている（つまりキューバが美人投票1位になっている）理由は、経済政策やファンダメンタルズをもとに経済調査機関が付けた点数というより、米国との外交関係回復やそれに伴って世界中でキューバの将来に期待が高まっている事実ではないか、と思いついたのです。他国の企業も同じように期待を高めているに違いない、人気ナンバーワンの国だから、出遅れないように我が社も早く調査団を送ってビジネスチャンスを探すべきである、というわけです。

誤解なきよう補足説明します。「最も多くの人が美人と思うだろうと予測する」からには、客観的に見て相当レベルの高いことが前提です。例えば（男女同権という配慮から）美人ならぬイケメン投票に喩えてみると、ブラッド・ピット、トム・クルーズ、レオナルド・ディカプリオ、ジョージ・クルーニー、アンディ・ガルシア（彼はキューバ系です）の中から誰に投票するかというくらい高いハンサム度の話であって、そんじょそこらの人（国）ではそもそも美人（美男）投票のコンテストに出られません。キューバという国は、地図を見ればわかるように海上交通の拠点に位置し、体制は安定し、治安も良好、高い識字率等、有力なコンテスト参加者なのです。キューバをめぐる状況の変化で期待が高まったのを機にキューバに思いを致してみると、このように他の企業が高く評価するであろう潜在力や将来性があることに、多くの企業が改めて気がついた、というのが私の美人投票理論による説明です。

しかしケインズは、さすがに外国への直接投資（工場進出等）については美人投票理論を持ち出していません。直接投資となると、いわばその美人と本気で交際し、何十年も添い遂げる覚悟が要りますから、美人投票で1票投じたり、ボーナスの一部で人気会社の株式を買ってみるのとは決断の重さが違います。投資家達はここで初めて、世間の評判だけでなく、カントリーリスクや格付けや各種コスト等の投資環境と具体的案件のフィージビリティーを、真剣に検討することになります。中南米、米州そして世界には、たくさん美人がいますから、企業も目移りします。だからどんなに美人であっても一人ひとりについて詳細な比較・検討をするのです。

この理論が正しいとすれば、キューバが外国から直接投資をもっともっと呼び込むためには、やはりキューバ自身が投資先としての魅力を磨き（二重通貨の統一、直接雇用の許可、ルールの明確化等）、世間の評判をよくする（国際金融機関に加盟して経済指標等の透明性を高め、格付けも上がるよう努力する）ことが近道であるという、あまり新味のないのが本項の結論でした。

6 革命前のキューバ

「キューバは1902年に名ばかりの独立を米国から与えられたが、現実には米国の植民地化であり、米国の傀儡政権・軍事独裁政権下、経済は米国資本に独占され、圧政と貧困に喘ぐ国であった。1959年にフィデル・カストロを中心とする革新勢力により革命が成就し、新政権は医療や教育の無償化をはじめとする社会・教育政策面で大きな成果を挙げている……」。これがキューバで常識とされている見解で、革命前のキューバは悲惨な状況であったことが強調されます。革命前のキューバ共和国は、公式には「新植民地共和国」と呼ばれています。

革命前のキューバには経済的・政治的に米国の影響力が強く働いていたことは想像に難くありません。1941年12月9日、日米開戦の直後に、日本に何ら利害関係のないキューバが対日宣戦布告したのは、その証左の一つと言えましょう。しかし、経済的・社会的側面で国全体が本当に悲惨な状況だったのかについては、キューバに着任した直後から、この「公式見解」にちょっと違和感を感じてきました。

その理由の一つは、この「圧政と貧困に喘いでいる」はずのキューバにスペインや日本から多くの人々が移住していた事実です。1902年から1931年にかけてスペインからキューバに78万人が移住したと言われています。日本からブラジルへの移民が戦前戦後合わせて25万人ですから、これはとてつもない数字です。フィデル・カストロの父親アンヘル・カストロはスペイン軍の兵士としてキューバ独立勢力と戦い、スペインに戻った後1906年に自らの意思でキューバに移住したことはよく知られています。日本からキューバに移住した方々の多くは、革命前キューバの青年の島（当時は松島と呼ばれていました）で花卉《かき》や果物栽培に従事したのです。「圧政と貧困に喘ぐ」国に誰が移住するでしょうか？　当時のキューバが、スペインや日本より豊かでチャンスに溢れた国と考えられていたのは明らかです。

人の移動という面ではまた、革命後キューバから110万人ものキューバ人が米国に亡命しました。逆に、革命後のキューバに海外から多くの移民がやってくるという話は聞いたことがありません。なぜでしょうか？

ハバナにはコロニアル風の趣ある建物や、頑丈堅固なホテル等いまだに十分使用に耐えている立派な建造物がたくさんありますが、これらはすべてスペイン植民地時代か、または米国支配下の「新植民地共和国」時代に建てられたものです。現在日本大使公邸となっている建物も、砂糖産業で財を築き上げたキューバ人が1926年に建て、その後革命政権に接収されたものです。

1948年に国際貿易機関設立交渉ラウンドがハバナで行われハバナ憲章が採択されたことはすでにご紹介しました。多くの諸国から交渉団が集まって議論を続ける場ですから、ウルグアイ・ラウンド交渉の行われたジュネーブのように、宿舎や交通手段、通信手段といったインフラが整い、治安が良好であることが大前提です。このような会議を「圧政と貧困に喘ぐ」国の首都で開催するでしょうか?

以上が私の直感に基づく「公式見解」への違和感です。この直感の正否を統計資料で客観的に確かめようとデータ探しを続けてきたのですが、ただでさえ資料探しの難しい国なのでいまだ十分な検証は出来ていません。そう申し上げた上で、以下、報道や論文を中心に断片的ではありますが革命前キューバの社会生活面の実態を見ていきましょう（学術論文ではないので出典は一々記載しませんが、数字はWHO、ILO、キューバ政府統計等を引用した各種論文や報道に依ります）。

1 経済構造

砂糖産業がＧＤＰの約25％、財の輸出の80％を占める農業国で、主たる輸出先は米国でした。１９５０年代末の対キューバ外国投資ストックの９割超が米国資本でした。当時建設されたハバナの大規模ホテルも皆米国資本です。米国の経済的影響が圧倒的であったことは間違いないようです。ただしその砂糖産業の資本保有率では62％がキューバ資本でしたから、米国に搾取されっぱなしというのは言い過ぎでしょう。

2 所得

１９５７年のキューバの１人当たりＧＤＰは３、０００ドル強、当時の日本とあまり変わらない水準です。所得格差はあったにせよ、全体としてはそこそこ豊かな国だったと言えます。１９５８年の工業従事者の平均賃金は６ドル／日で、世界第８位の水準です。第６位のデンマーク（6・46ドル）、第7位のノルウェー（６・１ドル）と比して遜色ありません。農業従事者は3ドル／日で、こちらは世界第7位。第5位のスウェーデンが５・47ドル、第６位のノルウェーが４・38ドルで少々水をあけられているものの、世界第7位というのは立派な記録です。

3　教育

1953年の識字率は76・4％（82％という数字もあります）。革命政権に移行して47年後の2006年で97・9％ですから、革命キューバが教育に力を入れて識字率が向上したことは確かですが、発射台がある程度高かったことも考慮する必要があります。1958年には、7、567の公立小学校（教育は無償）と869の私立小学校、三つの国立大学と三つの私立大学、そして114の専門学校がありました。教員数は、公的教育機関で2・5万人、私立で3、500人。なお当時の名門ハバナ大学の授業料は毎月5ペソ、すなわち5ドルでした。

4　医療

1958年の医師数は住民980人当たり1名でした。これはラテンアメリカでは第1位アルゼンチン（760人当たり1名）、第2位ウルグアイ（860人当たり1名）に次ぐ第3位の高水準です。同じ年に病床数は3万5000床。当時のキューバの人口は660万人ですから、住民190人に1床の割合です。これは当時の先進国平均（200人に1床）よりも高い成績です。1950年代末の新生児死亡率は3・76と、ラテンアメリカでトップの成績で、第2位のアルゼンチン（6・11）を大きく引き離しています。もちろん、これを2016年の数字2・3まで引き下げたのは、革命政府の努力の結果と言えます。

以上が、これまで集め得たデータのすべてです。乏しい資料ですが、これをもとに総じて評すれば、革命前キューバは米国の強い影響下にあり、かなりの格差があったのかもしれませんが、国全体としてのパフォーマンスは、他の諸国特に近隣諸国と比べれば決して悪くなかった。その実績の上に立って革命政府が教育と医療がより国民全体に広く行き渡る施策をとってきたというのも事実、といったところではないでしょうか。

最後に、革命前キューバを実感できる情報です。まずは英国映画「Our Man in Havana」(1959年、キャロル・リード監督)。当時の街並みや時代の雰囲気がよく描かれています。また、キューバ訪問の機会がある方には、米国マフィア達の根城だったホテル(口絵写真)や遊興施設、禁酒法時代に米国人が酒を飲みに通ったバーなど、往時を偲ばせる歴史的施設がお薦めです。

7 自営業者の実態

キューバは共産主義国ですから、原理原則を言えば、経済活動はすべて「生産手段の社会主義的所有に基づく社会主義的生産」であるべき、つまり国営企業がすべての経済活動をするはずなのですが、実際にはそうもいっておれず、徐々に自営業者（個人）や共同組合による経済活動も広がってきています。中でも、レストランやタクシー、民宿等は人気の業種で、キューバ経済活性化の突破口になるのではないかと期待する人もいます。特に飲食業では、国営レストランと比べて遙かに美味しいのが自営業者のレストランなので、私達外国人もお世話になる機会が増えています。今回は、この自営業者についての解説です。

1　まずは名称です。キューバでは「クエンタプロピスタ」（cuentapropista）と呼ばれます。"cuenta"（勘定）と"propia"（自分の）をくっつけた単語です。

2　自営業の歴史ですが、1959年革命後にキューバが共産主義化してからも自営業は細々と存在していました。その後、時に規制が緩くなったり厳しくなったりしますが、今世紀に入ってラウル・カストロ国家評議会議長が実権を握ってから本格的に拡大を認める政策が進められます。国営部門の合理化に伴い、50万人の余剰人員が生じると想定されたため、その受け皿としての自営業の拡大が経済政策「更新」の目玉の一つと期待されたのです。自営業者からの徴税による税収増も狙いだったと言われています。もちろん、非合法に事実上存在していた業種を表に出すことにより、規制を容易にする意図があったことも想像に難くありません。

合法と認められる業種は、現在123です。自営業者の人数は、1980年代には約5万人だったのが、1999年には15・7万人、2005年には17万人まで増えた後、一時2007年の13・8万人まで落ち込みました。その後は増加が続き、2015年に初めて50万人に到達します。その後また49・6万人まで減少しますが再び増加に転じ、今や約59万人と、全労働力人口の1割強に達しています。

営業の形態についても、2010年以降いくつかの規制緩和が行われました。レストランの席数がかつての12席から現在では50席まで認められています。以前には許されていなかった海産物や牛肉やジャガイモの提供も許されることになりました。禁止されていた従業員の雇用も解禁される等、総体としてはより柔軟な対応となりつつあります。しかし時々、規制緩和に逆行する厳しい措置がとられることもあります。20以上の業種で2017年8月から1年以上にわたって新規ライセンスが停止され、2018年7月の新規則では、1人で複数の事業に携わることが禁止されてしまいました。経済学者の中にはこういうキューバ政府の対応を「一歩進んで二歩下がる」方式と呼ぶ人もいます。

123業種の中で特に人気があるのは、第1位がレストラン等の飲食（5万9700人。パラダールと呼ばれます）、第2位がタクシー等の輸送（5万4350人）、そして第3位は家屋や部屋の賃貸（3万4000人。こういった賃貸家屋・部屋をカサ・パルティクラールと言います）です。

3　自営業の将来ですが、以下のように、いろいろな制約や苦労があって、国の経済政策が大きく自由化に向けて舵を切らない限り、自営業がキューバ経済の有力な牽引役を果たすまでには至らないだろう、というのが私の見立てです。

(1) 国家経済における位置付け

キューバの共産党や政府は経済モデルの「更新」を進めていますが、自営業等の非国営部門は、あくまで社会主義経済の中で「補完的な役割」を担うに過ぎず、非国営部門に所有権や富が集中してはならないとするなど、あくまで国有・国営を中心とした経済開発を目指すというのが当局の方針です。人民権力全国議会で採択された「社会主義的発展に関する経済社会モデルの概念整理」でも右方針が確認されていますから、やはり原理原則の問題として民間セクターが伸び過ぎるような事態は受け入れられないということです。

実際、労働人口の大多数を占める国営部門の労働者の平均月給が約30ドル、医者でも50ドルと言われる中で、クラシックカーに観光客を乗せて1時間に40ドル稼ぐような自営業者や、豪勢な生活をするレストランのオーナーが増えている実態は、社会主義の下に全人民の「結果の平等」を保障するという理念と大いにかけ離れるのでしょう。

（2）業種の制限

123種類の自営業というと随分多いように聞こえますが、中には「ここまでライセンスが必要なの？」と驚くような業種がずいぶんあります。一部だけ披露すると、本の装丁、金属の研磨、荷車引き、石工、井戸掘り、衣服へのボタン付け、冷蔵庫の修理、外国語教師、文章の翻訳、音楽のレッスン、楽器の調律、くす玉等誕生日グッズ製造・販売、ピエロとマジシャン、窓ガラスの設置、ヤシの木刈り、靴の修繕、靴磨き、ペットの散髪、家具の塗り替え、人形と玩具の修理等。その合計が123業種というわけですから、認められる業種はそれほど多くないのが実態です。

またそもそも、この123業種は限定列挙ですから、キューバの人達はこれら以外の商売にタッチしてはなりません。例えば、電力、テレコミ、貿易、医療、食品加工、医薬品、工業、弁護士、金融、人材派遣、旅行エージェント等は、個人が業として合法的に営むことは禁止されているのです。

(3)ライセンスの取得

業種を問わず、自営業を営むためには、市や交通担当等の当局からライセンスを受けることが必要です。成人のキューバ人のみが対象で、1件ずつ申請に基づき審査されます。ライセンス承認基準の全貌は明らかではありませんが、ある審査当局の方から聞いたところ、審査にあたっては「経済的・社会的必要性を勘案する」のだそうです。例えばすでにタクシーやレストランが一定数ある地域には、それ以上の自営業者を認めない、といった考慮だそうです（実際には、当局が市場の需要動向を「見誤った」結果、同じ地域に複数のレストラン設置が認められて厳しい競争をしている例もありますが）。

(4)法人格

自営業には法人格が認められません。すべて個人の自己責任、かつ無限責任というわけです。個人では融資の額も雀の涙程度ですから、事業の拡大に大きな制約となっています。

なお、政府は将来的には個人による所有の一形態として、個人が中小の企業体を形成し、法人格を有することができることを目指す方針です。一方で「これらの様々な所有権のあり方について、すべて国家が管理する」との制限の下での話であり、いずれにしても将来の話で、今後詳細も含めた法制化を待つ必要があり、実現にはかなり時間を要するものと思われます。

(5) 経済的負担とリスク

何回かレストラン営業者に税その他の負担内訳を聞いてみましたが、あまりに複雑で「あなたにはわからないだろう、自分もよく理解できないのだから」という冗談のような回答が返ってくるばかりで、相当複雑な模様です。いろいろな話を総合すると、どうやら平均して純利益の4割程度が税金として徴収される模様です。先日ある美味しいレストランに行った際、看板がなくて店を見つけるのに手間がかかったので理由を聞いてみたら、店に看板を掲げるにはその大きさや表示内容等詳細にわたる事前審査や指導があり、さらに「看板税」もかかってくるので(看板の大きさや照明の大きさや明るさ等によって税額が大きく異なるそうです)、もう看板を出さないことにした、との説明でした。

食材の調達も大変です。キューバには築地/豊洲のような生鮮市場も卸業もないので、野菜などの簡単な具材は別として、すべて自力で、自らすべてのリスクを負って調達先を見つける必要があります。

安定的な調達のためには、大変な苦労をして表や裏のいろいろなルートを開拓する必要があります。当然コストもかかり、当局との関係でもリスクを抱えて商売しているのです。実際、大いに儲かっていると見られる店には時々強制捜査が入り、ライセンス取り消しとか一定期間の営業停止処分を受けたという話も耳にします。先日、ハバナ市内の一等地にある某個人営業レストランがガサ入れをされ、閉鎖処分を受けてテーブルやら調理器具やら全部没収されている場面に出くわしました。噂では「店内で非合法に調達した海老が見つかった」のが理由ということです。

あたり前の話ですが、自営業が増えれば彼らの間で競争も激しくなり、儲かるところも立ちゆかなくなるところも出てくるでしょう。2016年に一時自営業者数が減ったのは、当局の規制強化に加えて、競争による自然淘汰もあったのだろうと言われています。

4　経済的負担の話をしましたが、業種によっては、そもそもいかに本人がやりたくても元手がなくて店を開けない人が多いのも実態です。私の見立てでは、ハイクラスの個人営業レストランを営む人はおおよそ、米国に裕福な親戚のいるキューバ人、外国人と結婚したキューバ人（実質的には外国人の資本で営業）、有力者に強いコネを持つ人、に限られるようです。

このように随分と制約があり必ずしも前途洋々とはいかない自営業ですが、共産主義国にあって起業家精神を育てることのできる数少ない分野です。共産党や政府は引き続き非国営セクターのあり方について（規制を緩和したり厳しくしたり）行きつ戻りつの対応をするのでしょうが、大いにもり立ててあげたいと考えています。個人的にも自営業者のレストランに足繁く通って応援をしていくつもりです。

（追記）キューバの自営業について解説した面白い動画を見つけました。YouTubeでstartup cubaを検索すると出てきます。実に正確な描写です。

床屋

民宿

8 産油国キューバ

キューバの「資源」として、よく言及されるのは、何よりもまず「観光資源」、次に「人的資源」（高い識字率）ですが、「鉱物資源」の豊富なこともわりと知られています。埋蔵量で見るとコバルト（50万トン）は世界第3位、ニッケル（55億トン）は世界第5位の、堂々たる主要生産国です。

それに加え、キューバは原油の生産国でもあります。世界第1位の米国（1、235万バレル／日）や第2位のサウジアラビア（1、234万バレル／日）などとは比較になりませんが、約5万バレル／日の原油が産出されています。主な油田は、キューバ西部の北岸にあります。首都ハバナの東にある有名なバラデロ海岸周辺の陸上および浅海域沖合です。

キューバは経済規模が小さい国ですが自給自足はできず、ベネズエラから原油を輸入しています。輸入価格は未公表ですが、国際価格ではなく、破格の「兄弟国」割引に加えて、キューバからベネズエラに派遣される医療関係者に（ベネズエラから）支払われるべき給与の一部と原油代金を相殺しているという情報もあります。さらに、国産5万＋輸入10万＝合計

15万バレルをすべて国内消費するのではなく、国内で精製した数万バレルのディーゼル等の石油製品をカリブ海諸国に販売して、キューバの外貨獲得に随分貢献してきました。しかしながら昨今はベネズエラ経済不調のため同国からの輸入量が減っています。そのせいかハバナ市内でもしょっちゅうガソリンとディーゼルがガソリン・スタンドから消え、停電も頻繁に起こります。最近はロシア等から緊急に原油を輸入していますが国際価格での輸入とされており、外貨不足のキューバには手痛い出費です。

さてキューバの原油埋蔵量ですが、現在の確認埋蔵量は約7・3億バレルとされています。世界第1位のベネズエラ（約3、000億バレル）、サウジアラビア（2、660億バレル）、カナダ（約1、710億バレル）などと比べると全く大したことはありません。しかしどの国でも、確認埋蔵量は石油探査・掘削技術の進化とともに増えてきたのが石油の歴史です。それに、キューバの周りには米国、メキシコ、ベネズエラ、トリニダード・トバゴ等々、有数の産油国が名を連ねています。キューバだけが石油に乏しいはずはないと考え、調べてみました。

前述の通り、現在キューバで石油が産出されているのは北西部海岸地域ですが、今でもベネズエラやアンゴラ、カナダ、豪州等の石油会社とキューバの石油公社が合弁で探査を続けています。2016年8月には、豪州の石油会社がこの区域で約80億バレルの油田を発見したと報じられています。

この他、キューバ島から大きく北西に広がるメキシコ湾も有力な原油埋蔵候補地です。2010年にブリティッシュ・ペトロレアム社がメキシコ湾で大規模な原油流出・汚染事故を起こしたことはご記憶の方が多いと思いますが、メキシコ湾は大規模油田地帯なのです。メキシコ湾に面する米国、メキシコ、キューバの3ヵ国の間ではそれぞれの排他的経済水域の確定交渉が行われてきましたが、2017年1月に米国・キューバ間で交渉が妥結し、これをもって、それぞれの水域の中で領域問題の懸念なく探査することができるようになりました。実は2008年、キューバはメキシコ湾の排他的経済水域で約200億バレルの石油埋蔵量が期待されると発表しています（米国の地質研究所は約46億バレルと推定していますが）。ただし、この区域の有望な候補地はいわゆる深海底油田（深い海底からさらに何千メートルも掘る必要あり）で、開発には相当の費用と技術を要するため、より詳細な探査、まして生産までにはいまだ相当の時間がかかりそうです。

いずれにしても、もし大規模な油田が発見され開発され、輸出まで可能となれば、厳しい経済情勢に直面しているキューバにとっては朗報ということで、今後が注目されています。

第3章◉キューバの文化と社会

1 ナポレオン博物館

キューバの首都ハバナでは、意外な発見が時々あります。「ナポレオン博物館」もその一つです。ハバナ大学の隣にある立派な建物で、隠れた観光名所です。

フランス皇帝ナポレオン・ボナパルトの熱狂的なファンであったキューバ人の大富豪フリオ・ロボ氏が、20世紀前半に、資産の1割を費やしてナポレオンの使った軍服、帽子、靴、時計、装飾品、食器、家具などを収集していました。これら貴重なコレクションはもともとロボ氏の自宅に飾ってあったのですが、１９５９年のキューバ革命後にロボ氏から「寄贈」されたこれらの品々が、現在の建物に移され展示されている、というのが博物館館長さんの説明でした。

実は、このロボ氏は、現日本大使公邸の元所有者の親戚にあたる方で、革命後に一家で米国に亡命しました。先日その親戚筋の方が日本大使公邸にいらっしゃったので、事情を聞いてみたところ、革命から間もないある日、軍服を着た人達が家に押し入ってきて、このコレクションをはじめ家にあった財産をすべて持って行ってしまった、この恐ろしい経験がロボ家亡命の直接のきっかけになったというお話でした。この他、ロボ氏がコレクションを寄贈する書類にサインしたとか、いやそれは身の安全と引き替えに強制的にサインさせられたのだとか、ハバナではいろいろな話が伝わっており、私は真相を語る立場にはありませんが、ただならぬ体験であったことは想像に難くありません。

キューバ革命をめぐって、いろいろな物語があります。２０１６年にキューバを訪問したオバマ大統領がハバナ国立劇場で行ったスピーチの中で、米国に亡命したキューバ系アメリカ人達の苦悩や郷愁に触れています。特に心を打たれる演説でした。

肖像画

胸像

2 読書家の天国？

キューバに着任していたく感心したのは、書籍が実に安いことです。キューバで出版されたスペイン語の本であれば、多くはだいたい6～20ペソ（26～88円）です。先日、スペイン語文学の最高勲章にあたるセルバンテス賞を受賞したキューバの詩人ロイナスの詩集を8ペソ（35円）で購入しました。古本ではなく新品です。しかし、残念なことに問題もあります。例えば、

1　本屋が少なくて、あっても小さな本屋ばかりです。

2　外国の書籍は、まず見つかりません。ハバナで最大と言われる書店を何軒か回りましたが、せいぜいセルバンテスとかロペ・デ・ベガが数冊置いてある程度。日本語はどこにも置いていません。英語の本となると、キューバ革命本、ゲバラ本は売っていますが、最近のベストセラーは皆無で、ちょっと昔のスティーヴン・キングとかシドニー・シエルダンでさえ見つかりません。２０１７年10月にノーベル文学賞がカズオ・イシグロに決まったので、もしかして日本のようにたくさん書店に並ぶのではないかと期待して何

軒か行きましたが、やっぱりありませんでした。
3　売っている本がおしなべて古いこともキューバの特徴です。今世紀に出版された本は、革命本以外見たことがありません。
4　どの書店も、キューバ革命に関する本はわりとたくさんあるのですが、その他の本は、「前世紀までの」、「キューバの」本が少々置いてあるだけで、多くの書棚はスカスカです。いわゆる週刊誌や月刊誌の類はありません。

キューバは識字率の高い国と言われているのに、勿体ないではないか、と思っていたのですが、どうやら問題は識字率でなく、「紙」にあることがわかってきました。キューバ経済はほぼ常に外貨不足なので政府や国営企業が外国から輸入をするためには少ない外貨の割当てを受けなければなりません。基礎的食糧品やインフラ整備の機器や原材料などに外貨を使ってしまうと大量の「紙」を輸入することはできず、しかもキューバ国民用には前述の通り大変な廉価で販売することになっているので、極端な話、本は「刷れば刷るほど赤字」というのが実態のようです。本を何冊も出している学者の方に伺ったら、キューバで本を出版する際に刷られるのは原則3、000部が最大部数で、学術本のように人気がないものは2、000部が限界、しかも原則として重版はできないということでした。

私自身、キューバの学者が書いたグアンタナモ米海軍基地に関する著作を探して大いに苦労した経験があります。研究者必読と言われる基本書で、1998年出版ですからそう古い本ではないのですが、ハバナ中のすべての本屋を探しても見つかりません。出版社に聞いても何も残っていません。次に赴いたのが国立図書館。立派な図書館でこの著作はあったのですが、貸し出し厳禁、コピーも不可。著者に連絡を試みたらもう亡くなっていて、ご家族の家にもその著作は置いていないということでした。結局、ある学者の方に頼み込んで、数日間お借りしてコピーをとらせていただきました。1冊探すのに3ヵ月かかりました。

最近は本屋で紙の本を探すのでなく、電子書籍があるではないか、という声が聞こえてきそうですが、先日キンドルである書籍の購入を試みたら、「キューバでは弊社のサービスはご利用できません」ということで、駄目でした。

以上、キューバでは読者も著述家も研究者も大変苦労しているのです。もしキューバに旅行や出張で来る機会があったら、本や雑誌をお土産にすると喜ばれること確実です。

豊富なチェ・ゲバラ本

本屋の書棚はいつも空

3 医療先進国キューバ？

キューバの医療は世界的にもよく知られていますが、実際には諸説あります。本項では、悪い噂と良い話をいくつか紹介します。

1 悪い噂

○2006年にフィデル・カストロが倒れた時、駆けつけて治療したのはキューバ人ではなく、スペインのグレゴリオ・マラニョン病院のガルシア・サブリド医師でした。

○私が当地に赴任する際、外務省診療所で、病気になったらキューバの医療に頼れないので、日本に緊急移送できるよう在外赴任者保険の治療・救援費用は基本タイプ（800万円）でなく上乗せ（3、000万円）にすべしと言われました。

○キューバの病院で行う在外一般検診で怖い事例があったと聞きます。例えば、（1）健康診断データの取り違え、（2）検診報告書が過去のデータのコピペ、（3）期限切れの検査試薬の使用、（4）マンモグラフィ写真の精度不足による判定不能……、etc。もし違う血液型と判定され、輸血されたらどうしよう、と怖くなりますね。

2 良い話

○キューバの新生児死亡率は途上国中一番低く、平均寿命は80歳近く、キューバを訪問したオバマ大統領もそのスピーチで「キューバは医療面で大きな成果を挙げている」と絶賛しています。

○ベネズエラの故チャベス大統領は病を得た際に、わざわざキューバに来て入院し、サッカーのマラドーナ選手は肥満治療と麻薬抜きのためキューバで診療を受けました。

○テレビドラマ「ドクターX」の主人公大門未知子(米倉涼子)は「私、失敗しないので」という口癖で有名な超腕利きの外科医ですが、彼女が勉強したのはハバナのクバナカン医科大学です。

さて、真実やいかに?

4 保健衛生大国キューバ

前項ではキューバの保健衛生事情をめぐる二つの説を紹介しました。今回は、WHOの世界保健統計2016から実態を検証してみました。

結論を言えば、保健衛生に関わる基礎的指標に関する限りキューバは途上国の優等生です。

1　平均寿命と健康寿命

キューバの平均寿命は79・1歳（健康寿命は69・2歳。以下括弧内は健康寿命）で、さすがに世界第1位の長寿国日本の83・7歳（74・9歳）には及ばないものの、途上国ではずば抜けて寿命の長い国であり、さらに世界平均の71・4歳（63・1歳）、米州平均の77・0歳（67・3歳）よりも長生き国です。隣の米国は79・3歳（69・1歳）で、キューバとほぼ同じです。

上記の平均寿命は男女平均値ですが、男女別で見ると、キューバは男76・9歳、女81・4歳、日本は男80・5歳、女86・8歳。普通の人が60歳で退職してから亡くなるまで17～26年にわたって国が面倒をみるのは、国家にとって大変な仕事であり、個々人にとっても大いに不安を感じます。キューバも、途上国であると同時に、日本と同じく少子高齢化問題という大変な先進国的な悩みに直面しているのです。

なお、世界で最も寿命が短いのはシエラレオネで、平均寿命50・1歳（44・4歳）です。横道に逸れますが、織田信長が好んだという幸若舞の「敦盛」に「人間五十年、化天のうちを比ぶれば、夢幻の如くなり……」という有名な台詞があります。これは源平合戦時の熊谷直実の言葉とされていますから、日本で言えば50歳は12世紀の寿命です。

2　新生児死亡率（1,000人当たり）

キューバは2・3人、日本は0・9人です。もっとも日本は世界で一番新生児死亡率が低い国ですので、比べるのは酷かもしれません。世界平均は19・2人、米州平均は7・7人、そして米国は3・6人ですから、キューバはこの面では非常に優れた国と言えます。

ちなみに世界で一番新生児死亡率が高いのはアンゴラの48・7人です。

3　出産時の母親死亡率（出産10万件当たり）

キューバは39人。日本の5人にはかないませんが、世界平均の216人、米州平均の52人と比べると、ここでもキューバは好成績と言えます。

世界で最も出生時母親死亡率の高いのはシエラレオネの1、360人。途上国といえど4桁の国はシエラレオネだけです。最も少ないのはフィンランド、ギリシャ、ハンガリー、ポーランドの4ヵ国で、揃って3人です。

4　保健従事者の数（人口1万人当たり）

キューバは157・8人で、日本の137・9人より多い数です。もちろん世界平均（25人）や米州平均（32・2人）を遙かに凌ぐ高得点です。しかし、キューバは世界に約4万7000人の医療協力者（医師と看護師）を派遣しているので、常に国内で医療に従事している人数となると、これを差し引く必要があります。

なお世界一数が多いのはモナコの243・8人。「石（イシ）を投げると医師（イシ）に当たる」くらいの密度です。逆に世界で最も少ないのはギニアの1・4人。

キューバの保健衛生事情を調べようと世界保健統計に目を通していたのですが、一般にアフリカ特に西アフリカ諸国の保健事情が大変なことになっているのに、改めて驚きました。

5 グアンタナメラ

グアンタナモと聞いて何を思い出しますか？　若い人は米国が運営するテロリスト収容所を、壮年層はキューバによる米軍基地返還要求やトム・クルーズとジャック・ニコルソン主演の映画「ア・フュー・グッドメン」を、そして高齢の方々はカラオケ曲グアンタナメラを思い出す……一種の「おじさん・おばさん度」テストです。

グアンタナメラ（guantanamera）とは、文字通り「グアンタナモの娘」をタイトルにした歌です。一番よく知られている歌詞は、キューバ独立の父ホセ・マルティの「素朴な詩」の中からとったものです。作曲はホセ・フェルナンデス・ディアス。ディアスの曲が様々な歌詞で歌われていましたが、結局マルティの歌詞が最も広く普及したようです。独立運動の精神的支柱として活躍したマルティは、散文も韻文も多く残した多作の著作家でもありました。こんなウンチクをカラオケで披露してもシラケるおそれ大ですが、字幕を見ないで歌えれば、キューバ通の面目躍如間違いなし。というわけで今回は息抜きに歌詞を以下に紹介します（括弧内の日本語訳は、意味の概要だけ散文翻訳調に記したモノです。そっけない訳で済みません）。

GUANTANAMERA（グアンタナモの娘）

Guantanamera, guajira Guantanamera（グアンタナモの田舎娘よ）, Guantanamera, guajira Guantanamera,
Yo soy un hombre sincero, De donde crece la palma,
（私は椰子の育つところから来た正直な男だ）
Yo soy un hombre sincero, De donde crece la palma,
Y antes de morirme quiero, Echar mis versos del alma,（死ぬ前に心の詩を捧げたい）
Guantanamera, guajira Guantanamera, Guantanamera, guajira Guantanamera,
Mi verso es de un verde claro, Y de un carmín encendido,（私の詩は明るい緑色，そして真っ赤な紅の色だ）
Mi verso es un ciervo herido, Que busca en el monte amparo,（私の詩は，山中に癒やしを求める傷ついた鹿だ）
Guantanamera, guajira Guantanamera, Guantanamera, guajira Guantanamera,
Con los pobres de la tierra, Quiero yo mi suerte echar,
（私は土地の貧しい人々と運命をともにしたい）
Con los pobres de la tierra, Quiero yo mi suerte echar,
El arroyo de la sierra, Me complace más que el mar,
（私は海よりも山の小川が好きだ）
Guantanamera, guajira Guantanamera,
Guantanamera, guajira Guantanamera,
Guantanamera, guajira Guantanamera,
Guantanamera, guajira Guantanamera,

6 キューバの人種構成

キューバの人種構成は、日本の外務省ホームページによると、「ヨーロッパ系25%、混血50%、アフリカ系25%（推定）」で、これは現地に住む私達の生活実感とほぼ一致します。ところが２０１６年２月にキューバ政府が発表したデータ（肌の色別）を見ると「白人が64・1%、混血が26・6%、黒人が9・3%」（混血と黒人を合わせると35・9%）。その後４月の第７回共産党大会では、国のエリートである党中央委員会１４２名のうち黒人と混血が35・92%に上ると発表されました。２月に発表された人種構成とぴったり一致しています。一方キューバの国定歴史教科書では「１８８６年の奴隷解放令で10万人、即ち人口の32・４%が解放された。１８７８年から86年にかけて解放された奴隷は20万人だった」（キューバ教育省編『キューバの歴史―先史時代から現代まで』後藤政子訳、明石書店）。奴隷とは即ちアフリカ系黒人ですから、19世紀末にはキューバの人口の約３分の２が黒人だったのです。わずか１世紀の間に人口構成が「白人64・1%、混血26・6%、黒人9・3%」になるほど激変してしまうものでしょうか。

キューバでは、1886年に奴隷制度が廃止され、現行憲法でも人種差別は禁止されています。皆が平等の扱いを受けているという認識からでしょうか、いわゆるアファーマティヴ・アクションは聞いたことがありません。しかし、この国で生活し仕事をしていると、人種間の「結果の平等」はいまだ道遠し、との印象を持ちます。政府高官の圧倒的多数は白人です。レストランやホテルで人前に出る従業員は必ず白人か、またはハル・ベリーみたいな美形の混血。ゴミ収集業などのいわゆる3K従事者はほとんどが黒人か混血です。町を歩いていると、引用するのが憚られるような人種差別・偏見発言を耳にすることがあります。心が痛みます。

なお私がここで人種差別・偏見というのは、主としてアフリカ系に対する差別・偏見です。キューバの先住民は16世紀にほぼ殲滅されてしまったので、他の中南米のような先住民問題はありません。

2003年にジュネーブの人権委員会でキューバ代表（白人）が「米国には1人も黒人の上院議員がいない。米国では人種差別がいまだに続いている」と対米批判を繰り広げていたのを思い出します。さてその米国ですが、2016年キューバ訪問中のオバマ大統領がスピーチの中でこんなことを言いました。「米国では、シングルマザーに育てられ混血で富もない私のような子供が国のトップを目指しそれを達成することができるのです」。キューバでは、国のトップに上りつめた混血の人が1人だけいます（黒人はいません）。1959年革命で放逐された悪名高きフルヘンシオ・バティスタ大統領です。

フルヘンシオ・バティスタ
©Library of Congress, Harris & Ewing Collection, hec.25355

7 ネット環境

日本への一時帰国を終えてキューバに帰任し、改めてショックを受けるのがキューバのネット環境です。私たちを含めてこの国の一般住民には3Gサービスも提供されず、アンテナ購入も禁止なので、一般の人が合法的にネットにアクセスする手段は、当局の許可するサイトへのアクセスのみが認められるダイアルアップ接続か、全国約752ヵ所にあるWi-Fiスポットで1時間1ドルの利用料を払う他ありません。これが遅くてしょっちゅう途切れるのです。外国人旅行者でも、一部の高級ホテルを除いてネット接続はできません。

大使館員も同様なので、ニュースやメールをチェックするのに週末もしょっちゅう出勤しています。大使公邸はアンテナ設置が認められWi-Fiアクセスはありますが、運良くつながってものんびりした通信速度で、次ページに移るのに数分、各アプリの更新は数時間かかります（iPhoneソフトウェア更新をクリックしたら「あと18時間」と出ました）。

2009年には、米国の開発援助庁の委託を受けてキューバにルーター等の通信機器を持ち込んだ米国人のＮＧＯ職員が逮捕され、懲役15年の刑を宣告されました（5年間収監された後、米国で拘束されたキューバ人スパイと交換で釈放されました）。米国は通信分野では対キューバ制裁を緩和していますが、情報通信の自由化は反政府的情報の蔓延などを通じて体制の根幹を揺るがしかねないという懸念があるのでしょうか、キューバ政府はとても慎重です。キューバが世界標準レベルのネット環境になるには、道のりは遠いようです。

当地へ旅行／出張の際は、世界の喧噪とネットを忘れ、ロビンソンクルーソよろしく、南海の離れ小島で優雅な時を過ごすつもりでお越しください。

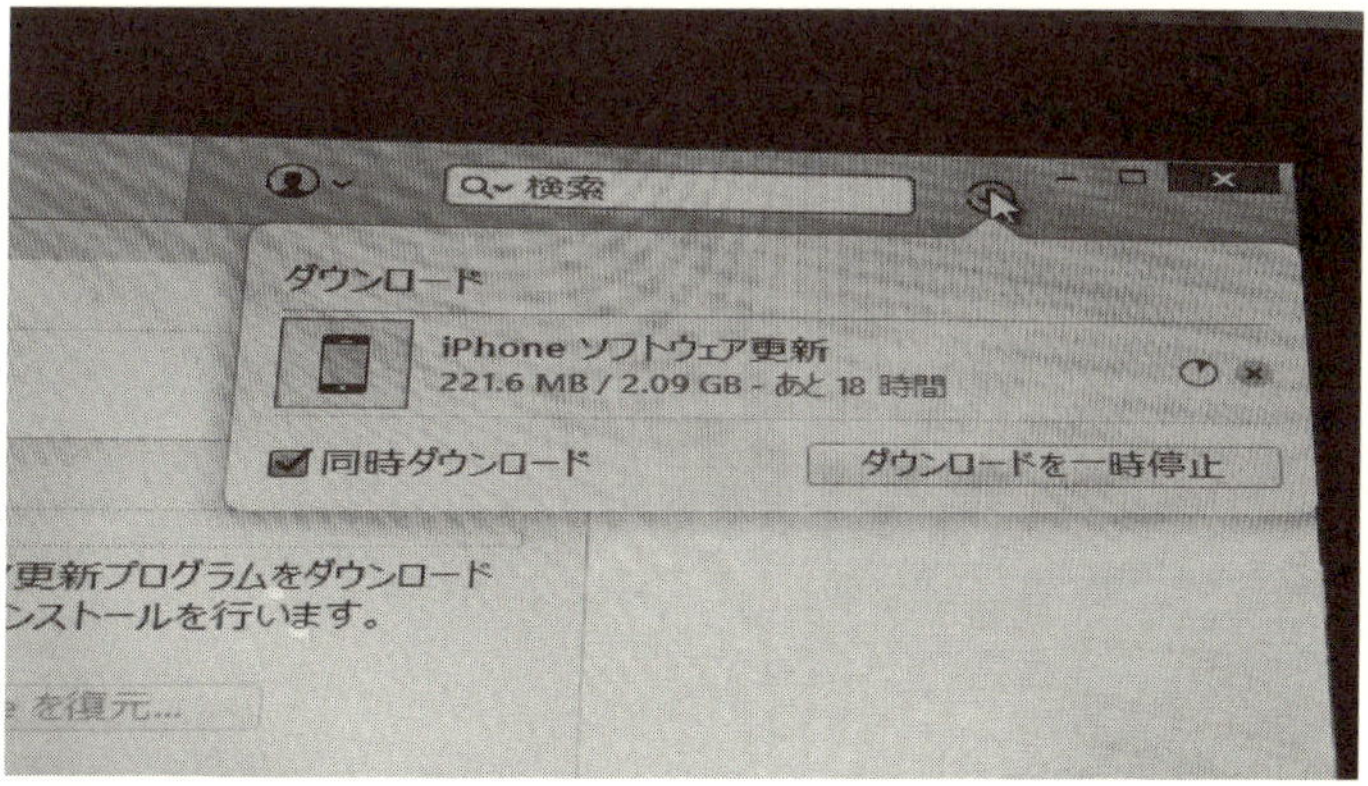

ソフトウェアの更新は「あと18時間」

8 モノ不足と庶民の対策

キューバのモノ不足を肌で感じるのはスーパーマーケットです。野菜と果物は野外の市場で、それ以外の生活必需品はスーパーマーケットで買うのがキューバの買い物パターンです。そのスーパーでは、求めるものがほとんどないか、同じ製品が大量に山積みされているかのどちらかですが、何もない時の方が多いようです。山積みの品物は、実は全く同じ製品です（p.134の写真では同じサラダ油が1、400本ほど並んでいます）。旧ソ連や昔の中華人民共和国を思い出します。最近、アンゴラ在勤経験のある新規着任館員から「キューバはアンゴラよりモノがないですね」と言われてショックを受けました。かつて北朝鮮に住んだキューバ人から「ハバナより平壌の方が生活物資はたくさんあるよ」と言われ、腰を抜かさんばかりに驚きました。

モノ不足のキューバでは、欲しいものを見たら躊躇せず、直ちに買うのが鉄則です。買い損ねたら二度とお目にかかれないかもしれないのです。キューバ人は皆、外出時には必ずポリ袋を携行して急な買い物に備えています。

新しいモノが入手できないのであれば、古いモノを大事に使うのも大切な生活の知恵です。いくつかエピソードをご紹介します。

（1）キューバの街中を走る自動車の多くが１９５０年代の米国車や70年～80年代のソ連車です。

（2）先日友人のテニスシューズの底がはがれてしまいました。あちこち新しいシューズを探したけれど売っていないので、靴底のゴムを張り直して修理してもらい、その後もずっと使っています。

（3）私達外国人がキューバに引っ越してくる時は、ダンボール箱は決して捨てません。帰国時に同じダンボール箱を使います。

ハムや肉があるはずの棚

野菜があるはずの棚

（4）先日、洗濯物干し台の足が壊れてしまいましたが、床掃除モップを活用していまだに使っています。

（5）バーベキューセットを購入したのですが、よく見るとドラムカンの再利用でした。

1,400本のサラダ油

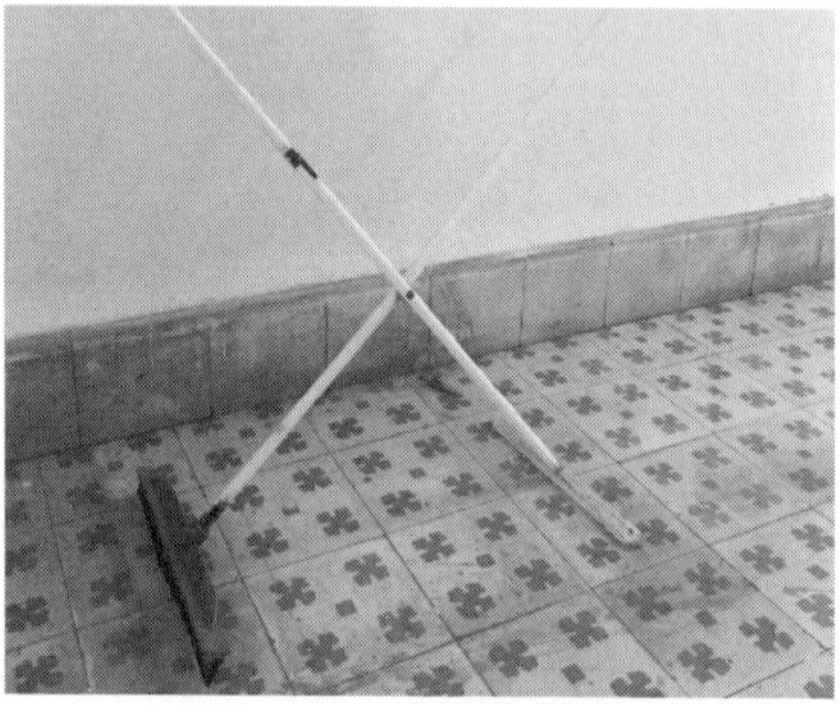

生き返った物干し台

元ドラムカンのバーベキューコンロ

9 キューバのキラキラネーム

キューバのスペイン語には随分慣れてきたつもりですが、聞き取れないことも時々あります。その多くはファーストネームです。旧スペイン植民地のキューバにはスペイン人を祖先に持つ人が多いので、ホセとかテレサなどのスペイン語名、特にカトリックの聖人名だけかと思ったら大間違い。聞き慣れない名前が次から次へと出てきます。もちろん移民の世界である中南米は、どこへ行ってもスペイン系やポルトガル系だけでなくイタリア系、ドイツ系、東欧系、アラブ系の名前がたくさんあります。名前でなく名字ですがフジモリ対クチンスキーの決戦投票と言われただけでは、どこの国の選挙かわかりませんね（ペルーの大統領選挙です）。キューバでは、名前の国際性に加え、ベネズエラと並んでいわゆるキラキラネームが目立ちます。

まず有名人から。リオデジャネイロ・オリンピックのボクシングでメダルを取ったキューバ選手だけでも、ロベイシ・ラミレス（Robeisy Ramírez、56kg級、金）、ヨアニス・アルヒラゴス（Johanys Argilagos、49kg級、銅）、エリスランディ・サボン（Erislandy Savón、91kg級、銅）、アルレン・ロペス（Arlen López、75kg級、金）の皆さん。キューバから米国に亡命してアストロズで活躍する野球選手ユリエスキ・グリエル（Yulieski Gourriel）。そして反体制ブロガーとして有名なジョアニ・サンチェス（Yoani Sánchez）。

私達が普段の仕事で実際にお付き合いしている人達では、こんなファースト・ネームの方々がいます。ダイネリス（Dainelys）、イラムシ（Iramsy）、ロイダ（Loida）、ドリリス（Doríliz）、アラミス（Alamys）。

もちろん、スペイン系以外のエスニックな名前の方もいます。例えば、カチウスカ（Katiuska）、アニウスカ（Aniuskan）、ユニスルカ（Yunyslka）さん。イスマエル（Ismael）、イブライン（Ibraim）、アエリン（Aelín）といった中東系の名も身近にいます。名前ではなく名字になりますが、日系キューバ人の「糸数」さんの名字が、キューバの戸籍上Ystokazuと記載されている例もあります。

最後に、会ったことはないのですが、キューバには次のような名前の方もいるそうです。

○ウスナビ（Usnavy）。何と、US Navy（米国海軍）を名前にした由です。

○ジャニエル（Yaniel）。これは、ダニエル（Daniel）の「D」が「Y」になってしまった例。

（前述のYoamiさんもそうですが、「Y」で始まる名前がかつて流行していました。キューバでは彼らのことを「Y世代」といいます）。

○アイラム（Airam）。後ろから読んでみましょう。マリア（María）の逆さ読みです。

○エイアン（Heian）。日本語の「平安」から。

他にも独特な名前のキューバ人をご存じでしたら、教えてください。

10 キューバが消える？

「今から100年後、キューバという国は消えているかもしれない」。ある有力国の在キューバ大使が、キューバ着任直後の私に述べた言葉です。

キューバ人の平均寿命は約79歳、合計特殊出生率は1・72で、すでに先進国型の人口構成です。いわゆる人口ピラミッドは超高齢層と幼年・若年層が細く、真ん中がポッコリとつきだした樽形で、日本と全く同じ形です。キューバ政府自身、60歳以上の人口が2015年の19％から、2030年には30％に増えると予想しています。キューバは典型的な少子高齢化社会で、中長期的に国の活力が失われていくという懸念です。

これに追い打ちをかけているのが人口流出で、流出するキューバ人の行き先は主に米国、次いでスペインです。米国は毎年2万人のキューバ人に移住ビザを発給しています。スペインは3世まで自動的にスペイン国籍を供与しており、これもキューバ人の国外脱出を促す結果となっています。

さらに深刻なのは、キューバを去ってしまうのが老人や幼年者でなく、働き手の若者という事実です。いくら頑張ってもマルクス・レーニン主義経済では生活が楽にならず、反体制活動も厳しく制限されて不満のはけ口もなく、近い将来に体制が変わる見込みもないので、大志を抱く若者に残された最大の活路は、国外脱出というわけです。正確な数字は不明ですが、毎年10万人がキューバから流出しているとも言われます。少子高齢化の効果と併せれば、現在1、100万人のキューバ人が100年後にはゼロになるだろうというのが、冒頭の推計です。

私の周りにもキューバを離れていくキューバ人が随分います。私がキューバに来てからだけでも、在ハバナ某国大使館の料理人、某国際機関のコンピュータ技師、その他某医師、某秘書など、身近にいるキューバ人が渡米してしまったという話がたくさんあります。

もしキューバの人口問題に解決の可能性があるとすれば、その答はキューバの経済大改革と米国・キューバ関係の改善である、と言われます。つまり大胆な経済改革によってキューバの将来が明るくなれば人口流出に歯止めがかかり、また亡命キューバ人が安心してキューバに戻り、ビジネスをできるようになれば、外に出たキューバ人が戻ってくるだろう、という希望です。

11 青い空と大気汚染？

キューバに着任後しばらくして、鏡に写った自分を見ると鼻毛が長くなっているのに気がつきました。早速きちんと手入れをしたのに、数週間でまた伸びてきました。日本ではほとんど手入れの必要もないほど緩慢な発育ぶりだったのに、なぜだろうかと不思議に思ってきました。最近思い当たった原因は、大気汚染です。

キューバと言えば、コバルトブルーの海と青い空、地平線まで広がるサトウキビ畑といったイメージが浮かびますが、キューバが持つもう一つの顔は、老朽化した機械設備、モクモクと煙を出す工場、そして煙幕を吐き出して走るクラシックカー。何十年もの昔、環境対策など考えていなかった時代の機械や自動車だらけなのです。

そこで調べてみた結果が、次の数字です（いずれもＷＨＯの世界保健統計２０１６より）。驚くなかれ、日本より大気が汚染されているのです。

1 大気汚染による死亡者数（人口10万人当たり）

キューバは50・5人で、日本（24・2人）の倍以上。世界平均の91・7人よりはましですが、米州の平均21・7人の2・5倍です。なお、世界一大気汚染による死亡者が多いのはジョージア（292・3人）ですが、北朝鮮も234・1人という凄まじい死者数です。あの中国は163・1人。逆に世界一少ないのはオーストラリアの0・4人でした。

2 都市部における年間平均PM2・5濃度（μg／㎥）

キューバは16・5で、日本（13・0）よりPM2・5濃度が高いのには驚きました。世界平均（38・4）よりは良い成績ですが、米州平均（14・5）を上回っています。世界一は何とサウジアラビアで131・6、一番少ないのはセント・キッツ・ネービスの0・0でした。

大気汚染死者は2012年、PM2・5は2014年の数値ですが、キューバの場合、機械の更なる老朽化や自動車の増加に鑑みると、現在の数値はずっと悪くなっているはずです。

そういえば、いくつかの欧州諸国の在キューバ大使館員は、一時帰国するたびに呼吸器系の検査をするよう勧められているそうです。心配になって、鼻毛以外の影響はないかと我が身に照らしてみると、熱帯の国キューバで時々咳込むことがあるのも、もしかすると大気汚染のせいかも……。偏頭痛も、目のかすみも、テニスプレー中の息切れも、そして物忘れも（?・）……。思い当たることがどんどん出てきます。

かつて日本も「公害」に苦しんだ時期がありましたが、その後、国を挙げて努力したおかげで、クリーンな経済開発を遂げることができています。キューバでも、いずれエコカーやエコ発電などをはじめとして日本のクリーンな技術がどんどん導入されて、持続可能な開発に繋がるといいですね。

12 キューバの自殺率

ＷＨＯの世界保健統計２０１６年版で、意外な数字を見つけました。キューバの自殺率（人口10万人当たりの自殺者数）ですが、これが予想していた以上に高いのです。自殺というのは北欧や日本のように寒い国の問題であって、熱帯気候の南の島では考えられないと思っていたのです。

キューバの自殺率は14・6で、日本の23・1よりは低いものの、世界平均の11・4や米州平均の8・9より高いのです。世界で一番自殺率が高いのは韓国の36・8、第2位がガイアナの34・8、第3位がリトアニアの33・5、第4位がスリランカの29・2です（昨年までガイアナや韓国と並んで圧倒的な高自殺国であった北朝鮮は、２０１６年の統計では空白になっています）。

世界で最も自殺率の低い国は、と探したら、サウジアラビアで０・３。おしなべて中東地域は非常に低く、最高のスーダンでも11・５と、日本の半分以下です。アフリカもそこそこ低い地域で、最低のアルジェリア１・８、最高はモザンビークで17・３です。逆に総体的に高いのは欧州で、ＥＵだけで見ると最低のギリシャが４・９、最高のリトアニアが33・５です。

キューバの14・6という数字は、米州の中では、ガイアナ（34・8）、スリナム（28・3）に次ぐ第3位で、しかも２０１４年に13・0、２０１５年は13・3だったのが、さらに14・6まで上がるという、不名誉な結果となっています。

かつて私が南米某国に勤務している時、金銭面のスキャンダルを疑われていたある日本の政治家が自殺しました。自殺の動機はわかりませんが、この某国では、政府関係者も含めて多くの方々が、自殺という責任の取り方が非常に潔いものであった、自国では考えられないとして、驚きと敬意を表していたことを覚えています。

さて、キューバの自殺の原因です。公式統計にはＷＨＯ統計と同じ数字が出ているだけで解説はありませんが、報道によれば直接の動機は「鬱」、その背景となるのは失業、経済事情、人生への諦め、アルコールや薬物、高齢者の場合は親族の海外移住等多くの事情が考えられる由です。またキューバでも子供の自殺が問題になっていますが、学校で馬鹿にされたりして感情が高まった際の恥辱感が最大の原因だそうです。日本のいじめに該当するのでしょう。自殺の方法は多い順に首つり、薬物の服用、動脈の切断、そしてキューバ東部諸県では灯油やアルコールを使用した焼身自殺が多いそうです。

キューバ政府はもちろん手をこまねいている訳ではなく、１９８６年以降自殺防止計画を策定して取り組んでおり、先日もキューバ共産党機関誌グランマに自殺防止対策に関する記事が出ていました。

自殺の原因は人により、経済・社会の情勢により千差万別で、唯一の理由も万能の対処法もないので、社会を挙げて対策に取り組むことが必要なのでしょう。自殺は寒い国の出来事、などと乱暴な思い込みをしてはいけない、という教訓を得た次第です。

13 必須食糧の配給

キューバには、食糧の配給制度がいまだ残っています。戦後70年以上経った今、日本で配給制度を経験した方はほとんどいないと思いますので、今回はハバナの街中にある配給所の様子をご紹介します。

配給所はたいてい薄暗い建物の地上階にあり、配給物品の販売コーナーと一般販売コーナーの二つに分かれています。品物により違いますが、一般販売コーナーの値段はたいてい配給物品コーナーの数倍します。いずれもキューバ・ペソ（または人民ペソ、CUP）のみが使用可能で、兌換ペソ（CUC）や、まして外貨での買物は出来ません。私は時々覗きに行きますが、外国人は見たことがありません。

配給制度の恩恵に浴することができるのはキューバ人だけで、居住地区ごとの消費者登録所で毎年1回配給手帳をもらいます。配給手帳には買物をするたびにいくら買ったかが記録され、割り当て以上の買い物ができない仕組みになっています。

p.149の写真は、ある月の配給物資とその値段、購入可能上限が書かれた黒板で、これが配給所内に掲げられています。さて、黒板をじっくり見ていきましょう。

まず品物ですが、上から米（標準米）、米（高級米）、精製糖、未精製糖、穀物（黒マメが主ですが入荷状況次第なので日によって変わります）、食用油、コーヒー、スパゲッティ、マッチ、粉ミルク（全脂乳）、粉ミルク（半脱脂乳）、粉ミルク（脱脂乳）、コンポート（砂糖づけ果実）、卵。数行置いて、一番下は「塩」の配給上限が書かれています。9月〜11月までの3ヵ月間に割り当てられる塩は、1家族1〜2名ならば1パック、3〜4名ならば2パック、5〜6名ならば3パック、7〜10名ならば5パックとなります。

次は値段。これが信じられないほど安いのです。一番上の標準米ですが、10月1日から31日までの間、1ポンド（約0・45kg）0・25CUP（約1・1円）で、1人5ポンドまで購入可能です。日本式に換算すると1kg当たり約2・4円です。粉ミルク（全脂粉乳）が1kg2・5CUP（約11円）、卵が1個0・15CUP（約0・66円）など、驚くほど安い値段に抑えられています。

このキューバの配給制度ですが、国家がすべての国民に必要な食糧を安価で提供する役割を持つというモットーの下に始められました。かつて配給所には多くの品目がたくさんあったけれど、今では品数も配給量も少なくなっています。お察しの通り、右に掲げた配給物品だけでは必要な栄養はとれません。例えば1ヵ月に米が2・2kg、卵5つでは明らかに足りませんね。配給所にある動物性たんぱく質は鶏肉か運がよければ豚肉で、牛肉はまずお目にかかれません。まして魚を配給所で手に入れるのは不可能です。

とは言え、右記のように破格の安値で、つまり原価割れで国民一人ひとりに食糧を供給しているのですから、ソ連のように寛大な援助をくれる国がない今、国庫に大きな負担となっています。キューバの食糧輸入を一手に引き受ける公社ALIMPORTによれば、キューバは食糧品需要の7～8割を輸入に頼っている由です。輸入するには外貨で支払う必要がありますから、ただでさえ外貨繰りの厳しいキューバ政府には大変な重荷です。

そこで、2011年の第6回共産党大会で新たな経済政策方針が打ち出された際には、この配給制度についても見直す、即ち将来的に廃止することが決定されました。しかし実際には、その後すでに7年経った現在も依然として配給制度は続いています。配給制度を廃止した後、どうやって貧困者への食の供給を確保するか、妙案がないのでしょう。

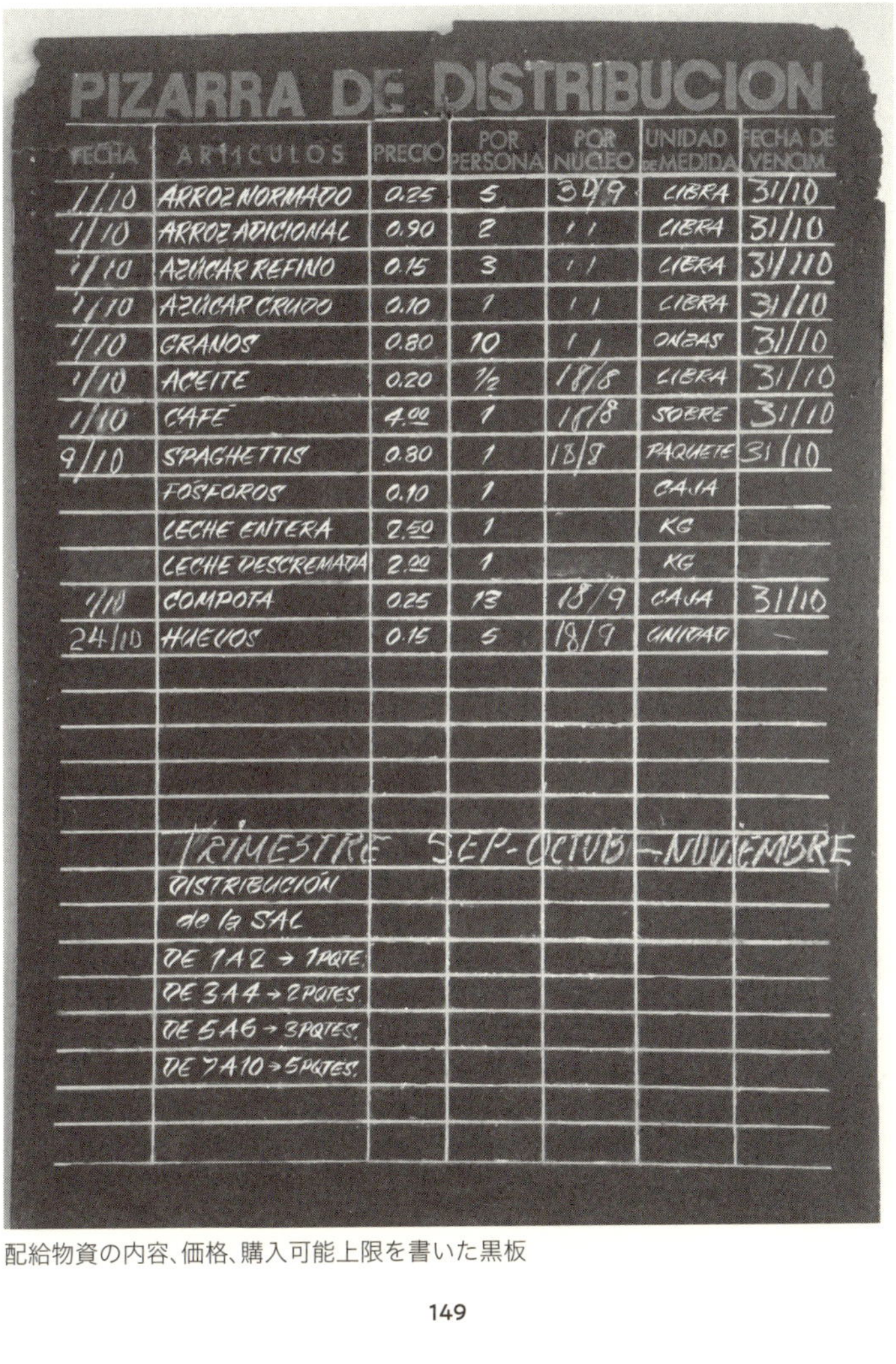
PIZARRA DE DISTRIBUCION
FECHA
ARTICULOS
PRECIO
POR PERSONA
POR NUCLEO
UNIDAD DE MEDIDA
FECHA DE VENCIM.
1/10 ARROZ NORMADO 0.25 5 3/9 LIBRA 31/10
1/10 ARROZ ADICIONAL 0.90 2 LIBRA 31/10
1/10 AZÚCAR REFINO 0.15 3 LIBRA 31/10
1/10 AZÚCAR CRUDO 0.10 1 LIBRA 31/10
1/10 GRANOS 0.80 10 ONZAS 31/10
1/10 ACEITE 0.20 1/2 18/8 LIBRA 31/10
1/10 CAFÉ 4.00 1 18/8 SOBRE 31/10
9/10 SPAGHETTIS 0.80 1 18/8 PAQUETE 31/10
FOSFOROS 0.10 1 CAJA
LECHE ENTERA 2.50 1 KG
LECHE DESCREMADA 2.00 1 KG
COMPOTA 0.25 13 18/9 CAJA 31/10
24/10 HUEVOS 0.15 5 18/9 UNIDAD
TRIMESTRE SEP-OCTUB-NOVIEMBRE
DISTRIBUCIÓN
de la SAL
DE 1 A 2 → 1 PQTE.
DE 3 A 4 → 2 PQTES.
DE 5 A 6 → 3 PQTES.
DE 7 A 10 → 5 PQTES.

配給物資の内容、価格、購入可能上限を書いた黒板

14 庶民の格言

キューバには言論統制がありますが、人々の口に蓋をすることはできません。今回は、時々聞こえてくる庶民の「格言」をいくつかご紹介します。

1「彼ら（政府）は我々に給料を払っているフリをし、我々は働いているフリをする（Ellos simulan que nos pagan, y nosotros hacemos como si trabajáramos.）」　労働者人口約500万人のうち350万人が国家公務員（政府や国営の公社・公団・企業で働く人々）ですが、彼ら給与所得者の平均給与は月額約30ドルと言われています。これでは一生懸命働く気にならないでしょう。逆に、経済的インセンティヴさえあればよく働いてくれます。

2「聞いてごらんなさい。（お買い求めのものは）出てきますよ（Usted pregunte, seguro aparece.）」　キューバでは、青物市場など公の店には、あまりモノがないけれど、そこで諦めず、「何とかなりませんか?」と聞けば、どこかでこっそりと調達してくれることが多いのです。ジャガイモや魚介類はいつもこれです。

3「資本主義世界では、将来何が起こるかわからない。社会主義世界では、過去に何が起こったのかわからない（En el capitalismo uno nunca sabe lo que pasará y en el socialismo nunca se entera de qué fue lo que pasó.）」キューバに住んでいると、これを実感します。一例ですが、日本の新聞には前日の総理の動きが子細に報じられますが、キューバでは決してそういう記事は出ません。

庶民の格言に加え、キュー[illegible]の風刺劇ではきわどいセリフも出てきます。これも庶民のガス抜きです。先日、「真実[illegible]述べることを誓いますか？」という風刺劇を国営の劇場で観てきました。貧民街でW[illegible]Fi機器を売って罪に問われた被告の裁判というストーリーです。キューバでは無許[illegible]Wi-Fi持ち込みや販売は禁止されていますが、そんな些細なことで裁判沙汰にな[illegible]いうテーマ自体が、当局に対する痛烈な皮肉になっています。被告や証人達は判事[illegible]て、「そんなこと言っちゃって大丈夫？」と心配になるくらい、文字通り言いたい[illegible]観客は終始爆笑していました。

15 黄熱病とカルロス・フィンレイ

黄

医学界で言えば野口英世と予防接種証明書（イエロー・カード）を思い出しますが、世界の
フィンレイ[illegible]ーバのカルロス・フィンレイが有名です。

医学を学んだ医[illegible]833年にスペイン統治下のキューバに生まれ、フランス、英国、米国でにはこの病気が蚊に[illegible]て媒介されるという新説を世界で初めて唱えました。蚊が感染症の運搬役であることは今[illegible]たり前の知識ですが、その当時はなかなか信じてもらえなかったそうです。後に米国の軍医ウォルター・リードがフィンレイの説を実行に移し、パナマ運河掘削工事にあたって徹底的な蚊の駆除を中心とした防疫対策を行い工事を成功に導きました。パナマ運河は、いわばキューバと米国の協力によって完成したとも言えるでしょう。

フィンレイは何回もノーベル賞候補にノミネートされますが、ついに受賞の機会を得ることなく1915年に死去しました。

その黄熱病ワクチンですが、かつて有効期限10年とされていましたが、２０１６年にはＷＨＯが生涯有効と認めました。私事ですが、数年前に急遽アフリカ某国に出張してくれと言われたのですが、黄熱病の予防注射をしていなかったため出張できなかったという恥ずかしい出来事がありました。予防注射には予約が必要で、場合により１ヵ月以上待って最寄りの検疫所まで出向いて接種します。私は横浜検疫所まで行きました。海外出張の多い皆さんは、ぜひ早く予約し予防注射をして、そして黄熱病発生国への出張時にはイエローカードの携行を忘れないよう、お薦めします。

さて本題に戻ると、ノーベル賞こそ逃したもののフィンレイの功績は医学界では高く評価され、ユネスコは「微生物学のためのカルロス・フィンレイ賞」を設けています。この賞は、微生物学（免疫学、分子生物学、遺伝学その他を含む）の分野において顕著な貢献を称えることにより、さらなる研究開発とその応用を促進することを目的と

カルロス・フィンレイ

し、個人研究者、民間企業または政府機関に属する研究者および研究団体に与えられるもので、キューバがスポンサーとなっています。フィンレイの没後100周年にあたる2015年には、東京大学の河岡義裕教授が、インフルエンザやエボラ出血熱などの研究成果を評価されてこの賞を受賞しました。同教授ご自身は受賞式に出席できなかったので、私が代わって、キューバの首都ハバナにあるカルロス・フィンレイ医学博物館でこの賞をお預かりする光栄に浴しました。

蚊が感染症を媒介することから、最近IAEAが放射線で蚊を不胎化することによって病気の感染路を絶つという予防手法の普及に協力しているという話を、先日、天野事務局長から伺いました。カルロス・フィンレイは野口英世だけでなく、いろいろなところで日本にも繋がる人物なのです。

16 キューバ歳時記

スペイン語圏諸国では、新聞や雑誌にエフェメリデスと題して、「○○年前の今日、こんなことがありました」と解説する記事をよく見かけます。外国に住む時、その国の歴史的・文化的な日付を知っておけば、話題も広がり仕事面でも生活面でもとても有益なので、今回は、キューバの大切な日付についてまとめてご紹介します。様々な日付けのうち、キューバにとって最も重要な日は「国民の記念日」、次に重要な日は「公式記念日」とされています。

【1月】

1月1日（1959年）

革命勝利の日。国民の記念日。フィデル・カストロによるバティスタ政権打倒闘争がクライマックスを迎え、この日午前2時、バティスタ大統領がハバナを離れてドミニカ共和国に亡命したことにより、この闘争（革命）が成就した日。現在のキューバにとって最も意味の深い記念日の一つです。

1月8日（1959年）
キューバ革命立役者のフィデル・カストロが、東部の戦いを終えて首都ハバナに到着した、いわば凱旋記念日。

1月10日（1929年）
学生運動の闘士として出発しキューバ反体制派の代表者となったフリオ・アントニオ・メジャが、当時の大統領ヘラルド・マチャドの指令により、亡命先のメキシコで暗殺。なお、キューバでは革命闘士達の誕生日や死亡日には、追悼行事が行われ新聞に多くの記事が出て、記憶が風化しないよう様々な試みが行われています。

1月28日（1853年）
キューバ建国と独立の父ホセ・マルティの誕生日。公式記念日。マルティはしばしばキューバ独立の使徒と評されます。なお彼はハバナで生まれましたが、父親はスペインのバレンシア出身なので、スペイン語でなくバレンシア語の名字（Martí）なのです。

【2月】

2月4日（1962年）

第二次ハバナ宣言採択。この年1月に米州機構（OAS）がキューバの追放を決定したのに対して、この日ハバナの革命広場に約100万人が集合し、米国非難や革命続行の決意を記した同宣言を採択。

2月15日（1898年）

メイン号爆沈。スペインからの独立を目指す第二次独立戦争中の1898年1月、米国は戦艦メイン号をハバナ港に派遣。一応親善訪問という名目でしたが実際にはキューバ在留米国人の保護を目的としていたと言われます。メイン号は2月15日の夜に突然爆発して沈没、約260名の船員が死亡しました。米国ではこれはスペインの仕業であるとして世論が燃え上がり、米西戦争につながっていくのです。

メイン号

2月24日（1895年）
第二次独立戦争開始。公式記念日。バイレにおいて闘争の宣言が出されてキューバ各地で独立勢力が一斉に蜂起し、解放戦争が開始されます。

2月24日（1976年）
1976年憲法発布。キューバは社会主義国であると規定。

【3月】

3月13日（1957年）
大統領府襲撃の日。公式記念日。東部で始まった革命の動きに呼応し、首都ハバナで大統領殺害を目的として大統領府への襲撃が行われるも失敗。

3月25日（1878年）
モンテクリスティ宣言発布。独立の英雄マクシモ・ゴメスとマルティが、ドミニカ共和国のモンテクリスティにあるゴメスの家で、独立闘争を呼びかける宣言を発表。

【4月】
4月10日（1892年）
　マルティによるキューバ革命党創設。
4月16日（1961年）
　社会主義宣言。公式記念日。ピッグズ湾事件に先立つ亡命キューバ人兵力による空爆で死亡した犠牲者の葬儀において、フィデル・カストロがキューバ革命は社会主義革命であると初めて宣明。
4月17日〜19日（1961年）
　ピッグズ湾事件。19日は公式記念日。約1、500人の亡命キューバ人兵力（2506旅団と呼ばれる）がカストロ政権打倒を目指してピッグズ湾のヒロン海岸等に上陸を試みて戦闘。19日には撃退され撤退。

【5月】
5月1日

メーデー。国民の記念日。毎年メーデーの行進が行われます。

5月17日（1959年）
農地改革・農民の日。公式記念日。フィデルが農地面積の制限などを定める最初の農地改革法に署名した日。

5月19日（1895年）
ホセ・マルティ戦死。享年42。キューバに上陸し独立戦争を開始せんとした矢先、ゴメスの助言にもかかわらず前線に出かけたマルティは馬上で銃弾を受けて死亡。

5月20日（1902年）
キューバ独立。ただし国家記念日でも公式記念日でもなく、キューバでは一切記念行事は行われません。

【6月】

6月14日（1928年）

エルネスト・ゲバラ誕生日。

【7月】

7月26日（1953年）

モンカダ兵舎襲撃の日。または「国民的反抗の日」。国民の記念日。1953年のこの日、フィデル・カストロとその仲間達が、バティスタ独裁政権に対して武力闘争を開始。東部サンティアゴ・デ・クーバのモンカダ兵舎を襲撃するが失敗し、カストロ達は逮捕。後に7月26日運動と呼ばれるキューバ革命が始まった日として、現在のキューバで最も重要な日付の一つ。

この日の前後は全国的に休日になり、8月に入るともう夏休みです。毎年、7月下旬から9月初めまで、キューバ全土が開店休業状態になりますので、仕事目的のキューバ出張はお薦めできない時期です。

7月30日（1957年）

革命殉教者の日。公式記念日。公的な追悼の日。1956年に始まったキューバ革命の際中、都市部における地下活動や武器調達、宣伝活動などを担当していたフランク・パイスとラウル・プジョルスが、サンティアゴ・デ・クーバで、政府軍によって殺害された日。

【8月】

8月13日（1926年）

フィデル・カストロの誕生日。キューバの英雄フィデル・カストロが、東部の村ビランで生まれた日。2016年8月13日には、市内の大劇場で90歳の誕生日を祝う、歌や踊りの盛大なショーが催されましたが、これが彼の最後の誕生日となりました。

8月16日（1925年）

キューバ最初のマルクス・レーニン主義政党発足の日。ハバナに各地から共産主義を標榜する代表達が集合し、初めて共産主義政党を結成。

8月24日（1879年）

「小戦争」開始の日。1868年から10年続いた第一次独立戦争は1878年に、スペインがキューバに一定の自治権を付与する等の条件をもって休戦。これに不満を持つカリスト・

ガルシアなどの勢力が、新たに反スペイン闘争を開始しますが、翌年には鎮圧されてしまったので「小戦争」と呼ばれます。

【9月】

9月2日（1960年）

第一次ハバナ宣言の日。米州機構での革命キューバ批判に対して、キューバ人民全国総会が開催され、米帝国主義と米州機構を糾弾する第一次ハバナ宣言が発表されました。

9月16日（1895年）

ヒマグアユ憲法の発布。キューバ独立を目指す第二次独立戦争が始まった1895年のこの日、ヒマグアユに解放軍の代表者達が集まり、グアイマロ憲法やモンテクリスティ宣言の思想を受け継いだ新共和国憲法に署名、発表。

【10月】

10月9日（1967年）

エルネスト・ゲバラ死亡。公式記念日。

10月10日（1868年）
10年戦争の開始。国民の記念日。カルロス・マヌエル・デ・セスペデス等が東部ヤラのスペイン軍を攻撃して第一次独立戦争開始。
10月27日（1492年）
コロンブスがキューバに到達した日。

【11月】

11月16日（1519年）
ハバナ市創設。旧市街のアルマス広場で最初のミサが執り行われました。
11月25日（1956年）
フィデル・カストロがグランマ号でメキシコのトゥスパンを出航した日。ここからキューバ東部に向かい、バティスタ政権に対する闘争が始まります。

11月25日（2016年）
　フィデル・カストロ死去。享年90。11月28日、ハバナに各国の代表者が参列して葬儀を実施。

11月27日（1871年）
　学生達の追悼の日。公式記念日。ハバナ大学医学部の学生達が、スペインに対する反乱の疑いありとして銃殺された日。

【12月】

12月2日（1956年）
　革命軍の日。公式記念日。亡命先のメキシコから、グランマ号に乗ったフィデル・カストロ以下82人の反乱軍が、キューバ東部のロス・カユエロスに到着した日。

12月7日（1896年）
　独立戦争犠牲者の日。公式記念日。公的な追悼の日。解放軍の英雄アントニオ・マセオが対スペイン独立戦争中、ハバナ近郊の戦闘で戦死した日。

12月10日（1898年）

スペインと米国間の戦争を終結させるパリ講和条約署名。この条約により、フィリピン、グアム、プエルト・リコは米国領となり、キューバは米国の占領下に置かれます。

12月17日（2014年）

オバマ米大統領とラウル・カストロ・キューバ国家評議会議長が、両国の国交正常化に向けた交渉開始を宣言。

17 世界遺産の宝庫キューバ

日本からキューバを訪れる方々は、おそらく首都ハバナで1～2泊、余裕のある方でも近郊のバラデロ海岸でもう1日過ごして帰国してしまうことが多いと思います。首都ハバナの旧市街は500年近い歴史を持つ世界遺産として見逃すことができないのですが、キューバにはその他にも、ユネスコの世界遺産がいっぱいあるのです。文化遺産が七つ、自然遺産が二つ、加えて無形文化遺産（口承、フォルクローレ等）も三つあります。以下、簡単に紹介します。次回キューバにお越しの際は1～2泊増やして足を延ばしてはいかがでしょうか。

なお、私がよく参考にしているミシュランの観光ガイドでは、ハバナ、トリニダード、ビニャレス渓谷の三つが、最もお薦めの3都市として掲げられています。

1 文化遺産

（1）ハバナ旧市街とその要塞群

キューバで最初に登録された世界遺産です。スペインの統治下、1519年にハバナ市の建設が開始。当時の姿が残る旧市街地区全体と、フエルサ、モロ、プンタ、カバーニャの四つの要塞が対象。

（2）トリニダードとロス・インヘニオス渓谷

18世紀末～19世紀初頭にかけて砂糖産業の中心地として繁栄した都市トリニダードと、精糖工場群およびプランテーション跡地であるロス・インヘニオス渓谷。

（3）サンティアゴ・デ・クーバのサン・ペドロ・デ・ラ・ロカ城

１６３７年に建設が開始された、サンチティアゴ湾入り口に位置する城塞。当時のスペイン帝国による軍事建築物のうち、中南米では最も保存状態がよいとされています。

（4）ビニャレス渓谷

オルガノス山系や多くの断崖を有する独特の自然景観に加え、伝統的なタバコ農法により生まれた耕地風景や土着の建築・伝統文化などに関連する文化的景観が対象。

（5）キューバ南東部の初期コーヒー農園の景観

東部のサンティアゴ・デ・クーバ県とグアンタナモ県にまたがるコーヒー・プランテーションと、コーヒー農業史に関連する文化的景観。

（6）シエンフエゴスの都市歴史地区

１８１９年に建設が開始された歴史的な都市景観が対象。他の都市に比べフランス人系移民が多かったため、景観も独特の雰囲気です。

（7）カマグエイ歴史地区

１５３０年に建設が開始され、19世紀まで交易の中継地として発展し続けた歴史的な都市景観が対象。海賊の襲撃を防ぐため、街路が細かく分岐した複雑な町並みが特徴。

2 自然遺産

（1）グランマ号上陸記念国立公園

グランマ県にあるシエラマエストラ山系から海中まで、高低差５００m以上の範囲にわたる、世界最大規模の広大な石灰岩段丘がある自然景観。公園の名ですが、１９５６年にフィデル・カストロ一行がメキシコからグランマ号という船に乗ってキューバに遠征、この地に上陸して革命闘争を開始したところから、このように呼ばれています。

（2）アレハンドロ・デ・フンボルト国立公園

東部のニペ、サグア、バラコアにわたって広がる公園。１８００年代に当地を調査したドイツ人科学者の名前が由来。生物や地形の多様性、そして岩石学的重要性、植物相・動物相の固有種が豊富。

3　無形文化遺産

（1）フランス太鼓（トゥンバ・フランセサ）

もともとは隣国ハイチの奴隷達の踊りと歌と太鼓による音楽だったのが、18世紀末のハイチの騒擾を契機としてハイチからの避難民とともにキューバにもたらされたもの。特にキューバの東部で盛ん。

（2）ルンバ

ルンバの音楽と踊りはアフリカからキューバに連れてこられた黒人奴隷達の文化に、カリブやスペインの文化的要素が加わり、ハバナやマタンサスの貧しい地区で生まれたもの。

（3）プント

17世紀、農民の間で流行した音楽。もともとスペインのアンダルシアやカナリア諸島を起源とし、アフリカ系の要素が加わったもの。

◎ハバナ市発祥の地

先に紹介したとおり、首都ハバナの旧市街は世界遺産に登録されている観光名所ですが、ハバナ旧市街観光の出発点であるアルマス広場（Plaza de las Armas）の一角に、グレコ・ローマン式の小廟とセイバと呼ばれる木がたたずんでいます（写真）。今から約50

0年前の1519年11月16日、この木の下で初めてミサと市会が行われました。いわばハバナ市開設記念行事で、この場所でハバナ市が誕生したのです。今や当時と同じ風景ではありません。エル・テンプレテ（El Templete）と呼ばれる小廟は19世紀に入ってから建てられたものですが、その内部には1519年のミサの様子を描いた絵が展示してあります。セイバの木もさすがに樹齢500年というわけにはいかず、現在のものは20 16年に植えられた第5代目の木です。

毎年ハバナ創設記念日の11月16日にはここで記念のミサと式典が行われていますが、この日の夜、例のセイバの木の周りを時計と反対方向に3回廻ると、願い事が叶うと言われています。

セイバの木

第4章◉キューバの対外関係

1 プエルト・リコ独立支援

プエルト・リコと言えば、歌手のリッキー・マーティン、俳優のベニシオ・デル・トロ、映画ウエストサイド・ストーリー（1961年）、サン・ファンの先進国首脳会議（1976年）……、いろいろ思い浮かびますが、「国連非植民地化委員会でのキューバの活動」に思いが至る方は、相当のオタクです。

プエルト・リコはご存じの通りドミニカ共和国の東に位置する島で、かつてスペインの植民地でしたが、1898年の米西戦争の結果米国の領土となって、現在はプエルト・リコ連邦自治区というステータスです。住民は米国籍ですが、大統領選挙や連邦上院議員選挙では投票できず、連邦下院に採決権のない代表者1名を送っています。連邦所得税の納税義務はありません。

最近キューバ外務省の資料を読んでいたら、国連の非植民地化委員会でキューバがプエルト・リコの民族自決と独立を支援する趣旨の決議案を提出した、という記述を見つけました。

何じゃこりゃ？　と早速調べてみました。

国連発足当初プエルト・リコは「非自治地域」とされていましたが、１９５３年の決議（総会決議第７４８号（ＶＩＩＩ））により、住民が自決権を行使している自治地域と認められました。

国連では第４委員会の下に非植民地化委員会が設置され、西サハラ等の非自治地域のステータスをめぐって審議されています。メンバーはキューバ、中国、ベネズエラ、シリアをはじめとする途上国ばかりで、先進国は１カ国も入っていません。明らかに一定の政治的傾向のある委員会で、例えばジブラルタルとかグアム等の議論はするのですが、チベットやチェチェンや北方領土や竹島等は全く無視されている委員会です。

さてここでやっとキューバが登場です。前述の総会決議第７４８号でプエルト・リコが自治地域とされたにもかかわらず、１９７１年以来キューバは、これを蒸し返して、

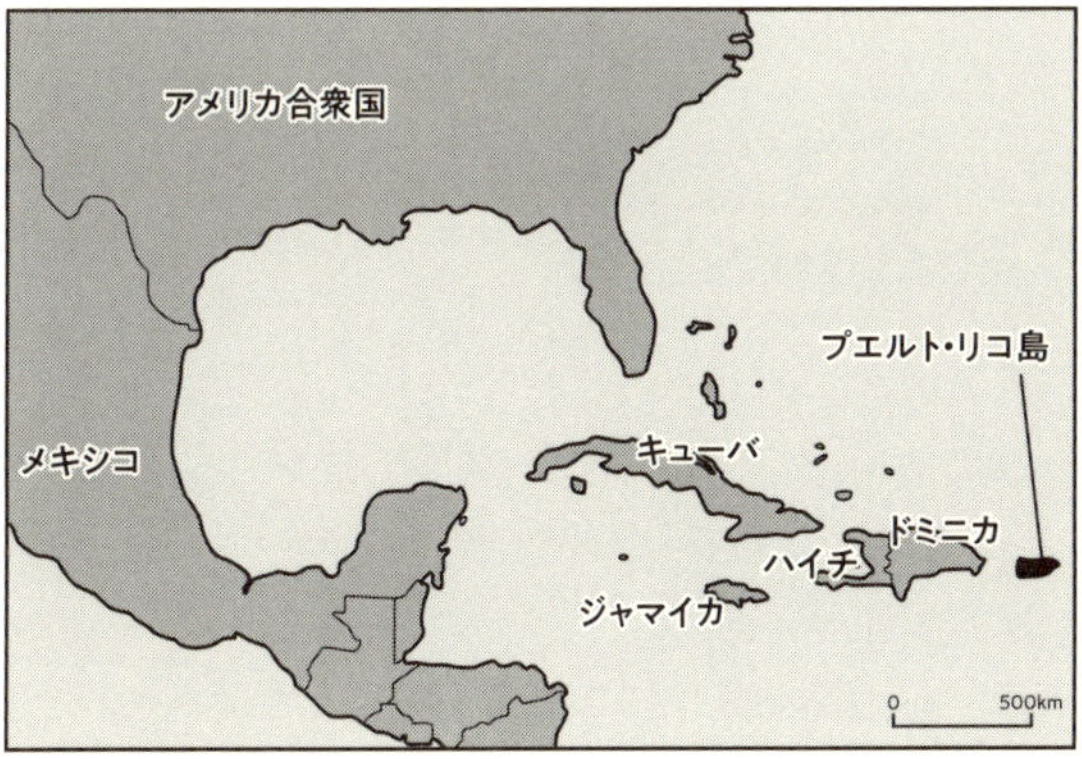

プエルト・リコ島

非植民地化委員会にプエルト・リコ決議を提出し、これが例年コンセンサスで採択されているのです。同決議にはこんなことが書かれています。（傍線は筆者）

（1）プエルト・リコ人民の、奪うことのできない自決と独立の権利を再確認する。

（2）プエルト・リコ人民は自ら明白な国家的アイデンティティを持つ、ラテンアメリカ・カリブで国家（nation）であることを改めて強調する。

（3）米国政府に対して、プエルト・リコ人民に、奪うことのできない自決と独立の権利を十分に行使できるためのプロセスを早急に進めるべき責任を果たすよう求める……

さて、キューバがこのように米国の神経を逆撫でするような言動を続けているのは、当然ながら対米・対途上国・マルチ外交戦略の一環と位置づけられるのでしょうが、その背景として、国民心情的にも、キューバと似たような歴史的経験を持っているためにプエルト・リコへの特別な親近感があるようです。とはいっても米西戦争で米国占領下となったフィリピンや、同じ時期に米国に併合されたハワイについて、キューバ人は全然そんな感じは持っていないようです。

最後に脱線です。冒頭に触れた映画ウェストサイド・ストーリーですが、少しだけ解説します。舞台はニューヨーク。欧州系米国人の非行少年達（ジェット団）とプエルト・リコ系のグループ（シャーク団）が対立する中で、ジェット団のトニーとシャーク団のマリアが恋に落ちるが、マリアはシャーク団のリーダー・ベルナルドの妹だった……というお話。私も含めて、多くの日本人がプエルト・リコ人に持つイメージはこの映画で作られたのではないかと思いますが、実は、マリア役のナタリー・ウッドは、本名Natalia Nikolaevna Zakharrenkoの示す通りロシア系で、兄ベルナルド役のジョージ・チャキリスはギリシャ系だったのです。今思えばナタリー・ウッドのスペイン語は随分変わった発音でした。

2 キューバ系米国人の望郷

先日、米国カリフォルニア州からのお客さん（Sさん：仮称）を、大使公邸にお迎えしました。ご主人やお子さん、お孫さん達あわせて9人のグループでした。

Sさんは元キューバ人で、米国に亡命して帰化したキューバ系米国人です。現在のハバナの日本大使公邸である家に生まれ育ちました。1926年に砂糖工場のオーナーだった彼女のおじいさんが建てたものです。1959年の革命後、「資産家階級」であるこの一家は米国に亡命を強いられ、家を含め資産はすべて接収されました。

彼女はその後米国籍を取得してカリフォルニアに移りました。自分の生家を一度見てみたいとの思いから、1999年に初めてこの現日本大使公邸を訪れたそうです。今回は、ご自分の目の黒いうちに、自分達のルーツを子供や孫に見せ語り継ぎたいと考えて、再度キューバを訪れたのです。

サロンや食堂、かつての子供部屋などにご案内したら、Sさんは感極まって涙ぐみ、声をつまらせながら幼少時代のことをご家族に説明していました。思わずもらい泣きしそうになりました。彼女は依然キューバのアクセントを維持し、英語・キューバ風スペイン語をまぜた楽しい会話ができました。実は、1963年以来キューバ政府からこの家を借りている日本政府や現在の住人（つまり私達）が彼女からどう思われているのか、少し心配だったのですが、とても親日的な方々で、公邸訪問の機会を得られたことに本当に感謝してくれました。彼女のお孫さんの一人は現在筑波大学で経済学を学んでいます。

故郷を捨てざるを得なかった境遇は、今の私たちには想像もつかないことです。その原因を作った革命政権に対する強い反感を持ってはいるけれど、それでも故郷に戻りたい、家族達に故郷を見せておきたいという気持ちは、亡命キューバ人の間に共通する強い感情のようです。革命後にキューバから米国に去った人達は、今や110万人にのぼります。

私の使命は日本・キューバ関係の円滑な発展ですが、キューバを取り巻く情勢を分析するためにも、このように辛酸をなめた方々がいることは、常に忘れず、心しておくべきと感じた次第です。

3 キューバ系米国人

前項に書いた通り、これまで米国に移り住んだキューバ人は110万人、米国で生まれた家族を含めるとキューバ系米国人は約200万人にのぼります。キューバの人口が1,100万人ですから、大変な数です。日本に擬してみると2,000万人以上の日系人が一つの外国にいるようなものです。ですので、ほとんどのキューバ人が米国に親戚を持っていると言われます。大使公邸の職員は全員、米国在住の親戚がいます。地域的には圧倒的にフロリダ州在住者が多く、それにカリフォルニア、ニュージャージー、ニューヨーク、テキサスの各州が続きます。

中には著名なキューバ系米国人も多く、2016年の大統領選挙で共和党大統領候補を目指したマルコ・ルビオとテッド・クルス両上院議員等の政治家が有名です。芸能界でもアンディ・ガルシア（ゴッドファーザーをご記憶でしょうか）、キャメロン・ディアス（チャーリーズ・エンジェルの一人です）、ロサリオ・ドーソン（映画「Rent」の主役）、サミー・デイヴィス・ジュニア（我々おじさん世代で知らぬ人はいない歌手）等多数の名が並びます。野球をはじめとするスポーツ界はあまりに多過ぎるので省略します。

　著名人と言えば、実はフィデル、ラウルのカストロ家にもキューバ系米国人の親戚がいます。まずフィデルとラウルの妹ファニタ・カストロはマイアミ在住。フィデルの最初の妻ミルタ・ディアス・バラルトの甥にあたるマリオ・ディアス・バラルトはフロリダで連邦下院議員（共和党）。マルコ・ルビオやテッド・クルス上院議員と同様に強硬なアンチ・カストロ派で、オバマ政権が対キューバ関係改善を進めたことに反対の立場です。

　今でも、キューバ革命で全財産を没収される等ひどい目に遭った高齢者を中心に、カストロ政権に恨みを持つ人は多いようですが、多くの世論調査では、最早キューバ系米国人の過半数特に若い世代は、キューバと米国の関係改善にシンパシーを感じているという結果が出ています。この世論の動向も、オバマ政権の対キューバ関係改善政策の背景にあると言えるでしょう。

　それに加えて、キューバ系米国人はキューバに大きな貢献をしています。まずキューバの親類への送金ですが、年額お

マルコ・ルビオ　©Gage Skidmore

よそ30億～50億ドルと言われています。キューバの公称GDPが914億ドルですから、大変な額です。次に親族訪問という形での里帰りで、キューバの観光収入に貢献しています。そして今キューバ系米国人が高い関心を示しているのが、キューバでのビジネス開拓です。経済制裁解除が進み、キューバ政府が対外開放的施策に転換した暁には、彼らこそがキューバにおいて日本や他国の企業にとって手強いライバルまたはパートナーとなって、キューバの将来を担っていくのでしょう。

4 戦時中の日本人収容所

今のキューバは親日国として知られていますが、過去には大きな波風もありました。世界恐慌時、キューバは日本製品への関税を引き上げ、日本キューバ通商協定を破棄して日本経済に打撃を与えました。1941年の太平洋戦争勃発に際しては、早くも同年12月9日に対日宣戦布告を行ったのです。

それとともに、まず日本人14人が敵国人活動連邦捜査局により逮捕されたのを皮切りに、日系移民男性約350人が拘束されて、「松島」にある模範監獄敷地内の牢獄に収容されたのです（この島は松の木が豊富なことから、その当時は「松島」と呼ばれていました。現在の「青年の島」）。ここには日本国籍保持者だけでなく、れっきとしたキューバ人である日系人も収容され、さらに彼等の資産は接収されてしまいました。当時は島全体が米国の強い影響下にあり、米国資産である農場で柑橘類等農産物生産のため、多くの移民が日本や欧州から入植し、特に日本人・日系人は野菜や果物の栽培で大いに島の発展に貢献していました。

第二次大戦の推移に伴い、イタリアやドイツ人の被収容者は各々の国が降伏すると同時に解放されましたが、日本人と日系人は１９４５年の降伏文書署名後も牢獄にとどめ置かれ、全員が釈放されたのは翌年３月でした。収容中のご本人や家族の苦労はいかばかりのものがあったでしょうか。解放後も、資産が接収されてしまった上に以前の職に復帰できませんでした。そして１９５９年の革命です。キューバの日系人の皆さんが大変な苦難を経験されたことは、忘れてはならない歴史です。

日本人・日系人が収容されていた牢獄

5 マルチ外交の雄弁家キューバ

キューバは、途上国・非同盟諸国等に大きな外交的影響力を持ち、国際場裡で途上国の利益を雄弁に語っています。本項ではその一例として、2016年の国連人権理事会第31会期にキューバが提出して採択された決議を紹介します。決議の名称は「国家の対外債務および関連する国際金融上の義務の、すべての人権特に経済的・社会的・文化的権利の全面的な享受に対する影響」という、週刊誌顔負けの長いタイトルです。

マルチ外交の場で、主提案者として決議案の採択まで持っていくには、前例や過去の類似事例の調査、本国との調整、起案、共同提案者探し、通常何回にもわたる非公式協議の開催と各国との文言調整、理事会メンバー国の動向調査や票読み、議長との打ち合わせ、公式会合でのイントロやディベート、そして採択（対決的な決議案の場合は投票）と実に大変な仕事ですが、キューバは多くの決議案のイニシアティヴをとり、この面では本当に汗をかいているのです。それに加えて、他諸国と共同戦線を張って公式・非公式のいろいろな場で舌戦を繰り広げるのもキューバの凄いところです。よく疲れないものだと感心します。

この決議は、ありていに言えば「対外債務の返済は途上国の負担なので、債権者である先進国はうるさいことを言わないでもらいたい」という内容です。決議の中身以前の問題として、そもそも債務問題と人権理事会は関係ないでしょ、と思うのですが、カネが返せない↓生活に困る↓幸せに生きる権利（人権）が侵害される、ということで債務問題も人権問題だというのがキューバの主張なのです。そうなると、キューバのネット環境が悪いのも私達がジャガイモを買えないのも人権問題ではないか、と茶々を入れたくなるのですが……。

さて以下に本件決議の主要点をまとめ、また国連用語のためわかりにくいパラグラフには、「こういう解釈をする人もいますよ」という口語的意訳兼解説を付しました。（傍線および括弧は筆者）

○「国家の経済政策について、外部から特定の処方箋を押しつけてはならない」（訳：財政健全化等のIMFによるコンディショナリティーは止めてほしい）

○「構造調整改革プログラムや政策に関するコンディショナリティーは、不十分な社会的サービスの提供につながる」（訳：IMFのせいで債務国では補助金を広く鷹揚に使う政策ができなくなる）

○「世界的な金融経済危機のために債務救済額が減ってはならない」（訳：先進国は自分が困っている時でも、途上国の債務を免除すべきである）

○「重債務貧困国（ＨＩＰＣ）イニシアティヴは長期的債務負担への包括的な解決を目指すものでなく、このイニシアティヴで救済された国のいくつかが再び高い債務リスクに貧しているることを懸念する」（訳：債務を免除してもらってもまた債務が貯まるのは、債権国の配慮が足りないせいだ）

○「ＨＩＰＣイニシアティヴに加え、無償供与および譲許的なローン、（債権諸国の）貿易障壁の撤廃、（債務国産品の）より高い輸出価格が求められる」（訳：債務が免除されたら今度は返済不要のマネーとソフトローンが必要、債権国には債務国の産品を高い値段でたくさん買ってもらいたい）

○「すべての途上国の対外債務をキャンセルしまたは大きく減らすための効果的で公平なメカニズム構築の努力を強化するよう求める」（訳：重債務国だけでなく、いわゆる途上国の債務は全部免除してもらいたい）

○「債務救済措置は他の資金ソースの代替となってはならず、救済はＯＤＡの増加を伴う形で迅速に行うことが求められる」（訳：債務免除の結果ニューマネーが止まっては困る）

○「先進諸国が、貧困削減のコミットメントをする国に対して一層の債務救済計画を実施し、すべての二国間公的債務をキャンセルするよう求める」

○「対外債務救済に伴う経済プログラムは、かつての民営化や公的サービスの削減のような独善的な要求を繰り返すことになってはならない」
○「国連システム内に、債権国、債務国、多国間金融機関からなる、共通の利益と責任という原則に基づく政治対話の構築が求められる」（訳：債務問題は債権国にも責任がある）

以上の通り、債務国にとってはありがたい内容で、彼らはこの決議採択時には大いに溜飲を下げるのでしょうが、債権国、特に融資をしている政府や企業や機関から見ると、非常に一方的な決議です。途上国支援のために国民の税金からODAやその他政府資金を出し、債務国救済にはHIPC等多くのイニシアティヴをとっているのですから、こんな内容の決議に賛成する訳にはいきません。何より、債務国がこういう主張をすれば、今後彼らの資金調達にも悪影響を及ぼすことが懸念されます。そこで、対途上国債権を持つ国々は主提案国に修正を呼びかけるのですが、この決議案のように、主提案国がガチンコ勝負を決心している時はほとんど話を聞いてくれません。結局投票要求することになりますが、途上国が多数を占めるフォーラムでは採択されるのが常です。この決議では、英国が投票要求をしましたが、賛成22―反対12、棄権2で可決されました。

この種の決議を主導するには、先ほど述べたように大変な努力をするための人的リソースが必要ですし、何よりも先進諸国にネガティヴな印象を与えてしまうことを覚悟しなければなりません。多くの途上国にはとてもハードルの高い仕事です。だから「体を張って」先進諸国をやり込め、決議という「勝利」をもぎとってくれるキューバは、多くの途上国にとって大変頼りになる兄貴分です。これがキューバの大きな外交的アセットとなっているのです。

ところで、当然ながら、キューバ自らがこの決議に書いたことはキューバ政府の主張でもあります。1986年以降キューバの対日債務問題（中長期公的債務）は長らく解決しませんでした。このような主張を声高に繰り広げる国ですから、簡単に解決する訳はありません。思えば、2016年に中長期債務問題解決が合意されるまで30年かかったのも、こういう背景があったのです。

6 プラット修正条項

キューバと米国の関係について論ずる時、キューバ当局者が必ず言及するのが「経済封鎖」と「プラット修正条項」です。特にプラット修正条項は、米国がキューバの独立と尊厳を傷つけた象徴的な出来事として記憶されています。

1895年、キューバではスペインからの独立を目指す戦争が始まりました。1898年2月にハバナ湾停泊中の米国船メイン号が突如爆発・沈没した事件を受けて米国がスペインに宣戦布告、あっという間に米国が勝利し、その結果結ばれた米国とスペインの講和条約でキューバは米国の軍事占領下に置かれました。独立国家でなかったキューバはこの条約の当事国ではありません。独立軍から見ると、折角あと一歩でスペインから独立をもぎ取れそうなところで、米国に勝利を横取りされたような気持ちだったでしょう。

もっとも、米国の対スペイン開戦はキューバ独立を目的とするものだったので、米西戦争が終了して米国の軍政下にある中で、キューバ独立準備の一環として制憲議会が招集されてキューバ憲法の審議が行われ、1901年2月には憲法草案が公表されました。ところが時を同じくして米国上院では1901〜1902年米軍支出権限法案採択に際してコネティカット州選出のプラット上院議員がこの法案に修正案を提出しました。法案採択に際して法案とは関係ない修正案が出されるのは今でもよくある話ですが、この「プラット修正」は、独立キューバと米国の関係を律する内容だったのです。この修正案付きの同法案は上院、下院でスイスイと承認され、大統領の署名を経て米国の法律になってしまいました。

8項目からなるこの修正ですが、今の時代には考えられない次のような条項が含まれていました。

I　キューバ政府は、キューバの独立を損ない、またはそのおそれのある外国と条約その他の協定を結んではならないし、……［中略］……キューバ島のいかなる部分にも拠点（の設置）または管理を許可あるいは認めてはならない。

III　キューバ政府は、キューバの独立のため、生命、財産および個人の自由の保護に相応しい政府を維持するため、およびパリ条約によりキューバに関して米国に課され今やキューバ政府が負うことになる義務を果たすため、米国が介入する権利を行使することに同意する。

VII　米国がキューバの独立を維持しその人民を保護できるよう、また自らを防衛するため、キューバ政府は米国大統領と合意する特定の地点において、石炭補給または海軍基地のために必要な土地を米国に売却または貸与する。

ご覧の通り、独立を目指して戦ってきたキューバ人の面子をつぶすような中身ですが、米国政府はこのプラット修正条項を新憲法に取り入れるよう、キューバの制憲議会に要求しました。議会では、当然ながらさんざん議論があったようです。キューバの書物には、米国の在キューバ軍政長官が「これを呑まなければ米軍はキューバにずっと居座る」とか「米国の法になったのだから一言一句修正はならん」と最後通牒を突きつけたと書いてあります。結局、制憲議会は「制限はあっても独立することが第一だ」とする議員の多数決により、同修正をキューバ憲法の付則としました。この憲法は１９０２年5月20日、キューバの独立とともに発布されました。

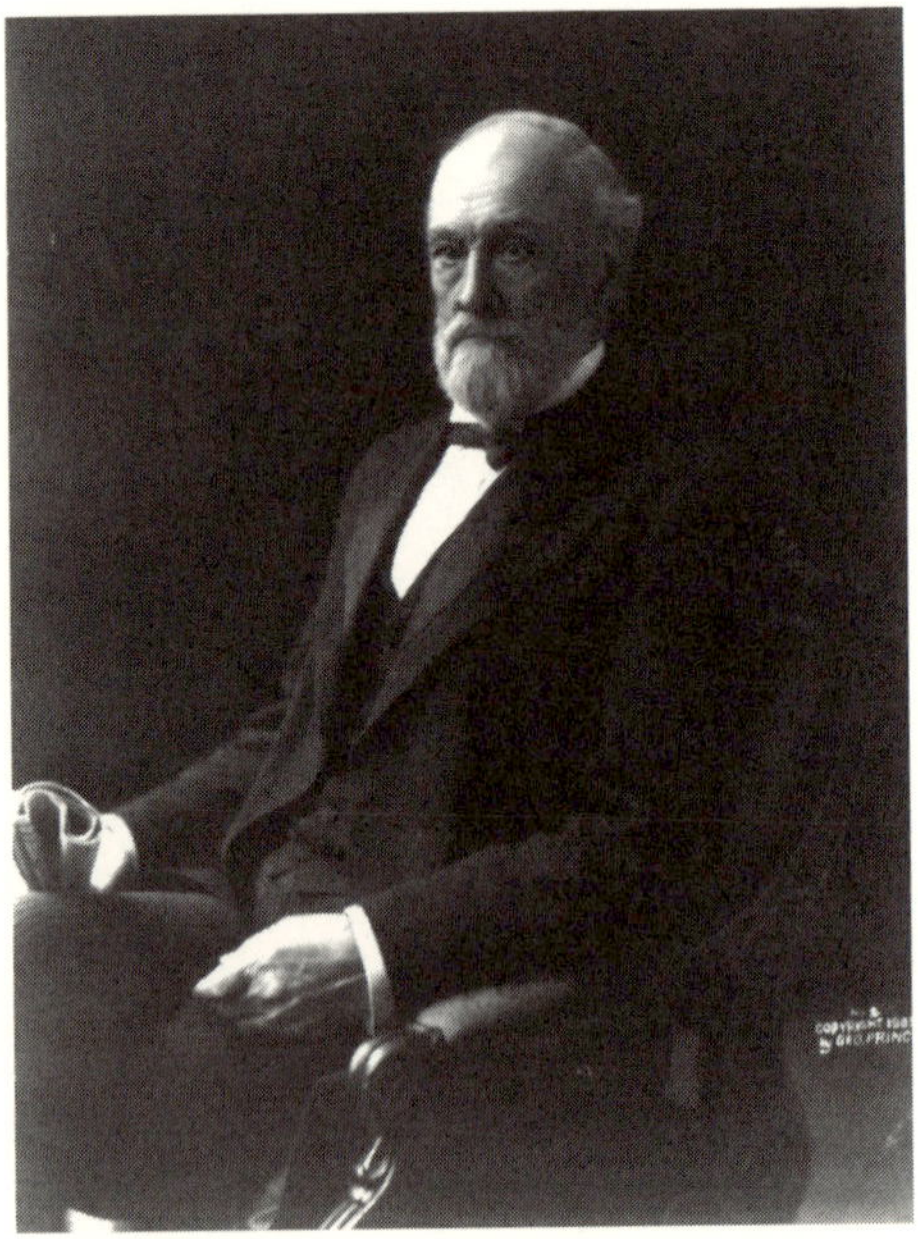
オービル・H・プラット

さらに１９０３年にはプラット修正条項の８項目がそのまま盛り込まれた米キューバ関係

条約が結ばれ、キューバは憲法と条約により、米国の介入権を認める等の制限を受けることになったのです。キューバでは、これによってキューバがスペインの「植民地」から米国の「保護国」になったと言われます。その後同修正を拠り所とした条約により、キューバ東部のグアンタナモ湾に米海軍基地が設けられ、今も存続しているのはご存じの通りです。すでにプラット修正は憲法上も条約上も消えていますが、今のキューバ政府にとっては、グアンタナモ米海軍基地はキューバの尊厳を傷つけたプラット修正の残滓という意味も持っており、革命以後ずっと基地返還を求め続けています。

余談ですが、先日キューバの研究者達との会合で、我が国の現行憲法制定過程を説明したら、自らの対米関係史と重なって見えたのでしょうか、とてもよく理解されたようでした。

7 キューバと原爆

２０１７年7月、国連で核兵器禁止条約が採択されました。キューバはこの条約に賛成し、署名し、批准しました。アプローチは異なりますが、究極的に核兵器廃絶を目指すべきとの点では日本もキューバと同じ立場です。

キューバでは広島と長崎への原爆投下とその惨劇が多くの人に知られていますが、その背景には、キューバの指導者であったフィデル・カストロ元国家評議会議長がたびたび核兵器に反対すると述べていたことがあります。フィデルは、２００３年に訪日した際に広島の平和記念資料館を訪れ、「このような野蛮な行為を決して繰り返すことのないように」と記帳しました。

フィデルはその後もたびたび核兵器の惨禍に触れる発言や投稿をしてきました。亡くなる3ヵ月ほど前の２０１６年8月13日付け共産党機関紙グランマに自ら投稿した記事の末尾には、次の一節がありました。

「……中国やロシアなどの大国が核兵器の使用を余儀なくされるような脅威にさらされることがあってはならない。米国大統領が日本を訪れた際に行った演説は、崇高さに欠けていた。爆弾の効果を知りながら、何十万人もの広島の市民を殺したことを詫びる言葉がなかった。長崎への攻撃も同様に犯罪的である。だからこそ、私たちは平和維持の必要性について考えるべきであり、いずれの大国も何百万人もの人を殺す権利などないのである」

フィデルは同年9月に安倍総理がキューバを訪問した際に総理と会談し、そこで核兵器の恐ろしさに触れつつ「キューバでも広島と長崎の悲劇は広く語られている、日本とキューバの両国は核兵器のない世界を実現することで一致している」と述べていたのを思い出します。

原爆の惨劇を憂い核兵器廃絶を願う思いは現在のキューバ指導者層にも受け継がれているようです。2016年6月にキューバのディアスカネル国家評議会第一副議長（現国家評議会議長）が訪日した際にも、「私は人間として広島に行かなければならない」として広島を訪問し、平和記念資料館ではフィデル以上に詳しく原爆に関する思いを綴る記帳をしました。

私もキューバから用務帰国して彼の訪日に同行しましたが、資料館でも平和記念公園でも説明者や被爆者の話にじっくりと真剣な眼差しで聞き入っていたのを覚えています。その際の記帳内容は次の通りです。

「生存と復興を遂げ、人類が決して忘れてはならない尊厳という遺産を残された英雄である広島市民の皆様、
私達は、犠牲となった方々の苦悩を共にし、この残虐な行為に怒りを感じるとともに、核兵器のないより良き平和な世界のために闘う大きな決意と責任を感じます。
この場でフィデルが記帳したとおり『このような野蛮な行為を決して繰り返すことのないように』との思いを改めて確認いたします。
敬意と敬服の気持ちを込めて、
ディアスカネル　２０１６年６月１日」

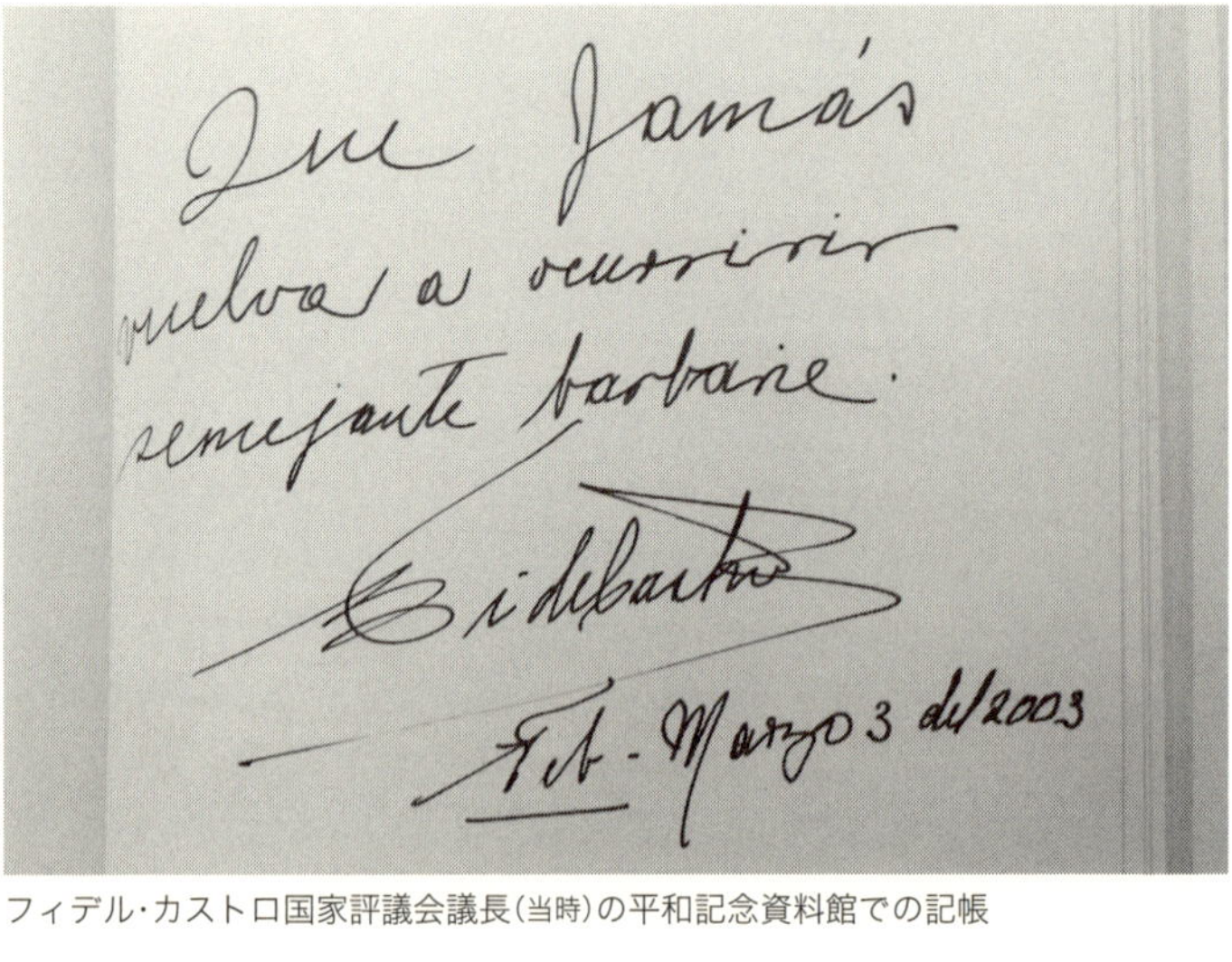

フィデル・カストロ国家評議会議長（当時）の平和記念資料館での記帳

8 キューバの国際医療協力

キューバは途上国ですが、同時に他の途上国の兄貴分として様々な役を演じています。国連など国際場裡の議論をリードしているのはすでにご紹介しましたが、それに加えて、特に保健衛生分野で二国間の国際協力を積極的に実施しています。以下、キューバ共産党中央委員会機関紙グランマ（2016年7月22日付）の報道を中心にとりまとめました。

1 医師等の海外派遣

まず、医師を中心とする保健業務従事者を多くの国に派遣しています。キューバ革命後の1960年、チリとアルジェリアに医師を派遣したのが始まりで、その後累計32万5000人を158カ国に派遣しました。現在は4万7856人を62カ国に展開中で、うち2万5000人が医師、他は疫学研究者、看護師および医療機器技術者。彼らの多くは、派遣先途上国の中でも都市部から遠く人里離れた、その国の医師達が行きたがらないような、例えばアマゾン川上流の僻地のようなところに派遣されているそうです。

派遣者の一番多い国がベネズエラで2万8351人、ついで第2位のブラジル1万8941人が際立っています。続いてアンゴラ1,712人、アルジェリア931人、ボリビア721人、ハイチ567人、南アフリカ共和国344人、ギニア221人……etc.と、アフリカと中南米近隣諸国への派遣が目立ちます。

これら保健業務従事者の上げた実績は、診察が14億件以上、外科手術が1000万件以上、出産が270万件以上人、予防注射接種が1,300万件以上、そして命を救った人の数が590万以上にのぼります。

これらはいわば通常時の派遣ですが、この他に、世界各地で突発的に感染症等が発生した際に、そのための特別のチームを派遣しています。よく知られているのは2014年に西アフリカでエボラ出血熱が発生した際、シエラレオネ、リベリア、ギニアに合計256名を派遣し治療にあたった実績です。2017年5月には、WHOが、この時アフリカ諸国に派遣されたキューバの医療チームに公共保健賞を授与しました。

このような医療関係者派遣ですが、医師の給与等の経費は、キューバが全額負担する場合、受け入れ国が全額負担する場合、双方で折半する場合の3種類に分かれます。ベネズエラやブラジルのような資源国への派遣はすべて受け入れ国側負担です。一説によると、保健衛生従事者派遣事業により毎年約70億ドルがキューバにもたらされている由です。

2　医学留学生の受け入れ

以上はキューバから他国への人員派遣ですが、逆に他の途上国からキューバへの留学生の受け入れ事業もあります。１９９８年にフィデル・カストロが中米・カリブ諸国の医療水準向上のためにハバナ近郊にラテンアメリカ医学校を設置し、主として中南米とアフリカからの医学生を受け入れています。

２０１７年10月に日本で封切られた映画「エルネスト」の主人公フレディ・マエムラ（オダギリ・ジョー）は日系ボリビア人ですが、医学を志してキューバに留学し、そこでゲバラと知り合うという話です。

3　海外派遣の悩み―頭脳流出

このようにキューバにとっても世界にとっても良いことづくめに見える派遣事業ですが、大きな問題があります。海外に派遣された後キューバに戻りたがらない人達、いわゆる頭脳流出の問題ですが、ここから先は各種報道のまとめです。

米国は２００６年から２０１７年１月まで、キューバ人医師受け入れ優遇策の下、米国亡命を求めるキューバ人医師の医師免許取得優遇措置などをとっており、キューバから第三国を経由した医師が大量に流出していました。２０１５年だけで１、６６３人のキューバ人医師がこの施策を頼って米国に亡命したと言われています。

この背景には、キューバ人の医師は皆国家公務員で平均月給が実質約50米ドルという低賃金の上、残業や休日出勤等の労働条件が厳しいという事情があります。毎月50ドルでは暮らしていけません。私のよく知るキューバ人の医師は、週に何回か各国大使館の夕食会やレセプションでボーイの仕事をしていましたが、米国の移住査証を貰って今は米国で医師をしています。

9 マイアミで考えたこと

キューバ赴任後、何回かマイアミに出張しました。20年以上ご無沙汰していましたが、最近改めて気づいた点を書き記します。

1 マイアミの街

マイアミは、昔も今も、いわば米国と中南米のハイブリッド的な存在です。市内中心部の町並みこそ高層ビルの立ち並ぶコスモポリタンな大都市ですが、ちょっと郊外に出れば依然として昔ながらの風景が残り、人の歩く速度からしてラテン的テンポで、中南米サービスを長くやってきた私にとってはとても「しっくり」する落ち着いた雰囲気です。前回はマイアミ市

マイアミ市内の選挙ポスター

の選挙戦が始まった時だったので、町中に選挙ポスターが目立ちました。候補者の名前だけ見ると、米国でなく中南米の選挙に思えてきます。

そこで人口統計を見ると、2010年の調査ではフロリダ州の人口約2,000万人中22・5%が自らを「ヒスパニック（つまり中南米系）」と答えています。マイアミ市を含むマイアミ・デード郡になると人口約250万人中150万人（人口の6割）がヒスパニック、うち80万人がキューバ系です（こちらの数字は2005〜2009年人口推計）。

2　地域のハブ

マイアミからハバナ行きの飛行機に乗るたびにマイアミ国際空港で長い時間を過ごします。その間、行き交う人々や出発便案内スクリーンを眺め、売店やレストランでいろんな人と話をするのですが、市内以上にヒスパニック度が高いのを感じます。航空便の目的地の多くは、カリブを含む中南米の諸都市です。昔と比べれば、中南米地域内ではメキシコ・シティやパナマのハブ機能が高まっていますが、それでもマイアミ国際空港は依然として中南米と北米、そして中南米諸国の間を結ぶ結節点であり、「中南米のゲートウェイ」としての機能を維持していることを実感します。空港で聞こえてくるスペイン語も多種多様で、何やら国連のラテンアメリカ・カリブ・グループ会合に出ているようでした。

マイアミ国際空港は、米国が中南米諸国から輸入する物品、中南米諸国に輸出する航空貨物のそれぞれ約8割を取り扱っている、物流の中心地でもあります。

3　スペイン語世界の発信地

北米ではカリフォルニア州やニューヨーク州もヒスパニックの多い場所ですが、前述の通りフロリダ州もスペイン語人口が20%を超えます。しかも、他のエスニック・グループと比して圧倒的な存在感があり、また中南米と地理的に近接していることから、マイアミにはスペイン語のメディアが多く集まり、中南米情勢に詳しい学者、研究者などが、実にたくさんいます。米国で中南米情報が最も多い新聞マイアミ・ヘラルド紙はマイアミを拠点としており、同紙のアンドレス・オッペンハイマー氏の論説記事は、中南米全域に対する大きな影響力を持っています。マイアミは、中南米のスペイン語世界に対する最大の発信拠点の一つと言えるでしょう。

4　マイアミとキューバ

マイアミ市内の道路は、京都と同じく碁盤の目のように縦横に走っていますが、そのうち市内を東西に貫く、長い長い通りの一つは英語の“SW 8th Street”という正式名称でなく、カジェ・オチョ（Calle 8）とスペイン語名で知られています。キューバから逃げてきた人達がこの道に沿って多く住んでいた場所なのでそう呼ばれているのです。この通りの一角はリトル・ハバナと呼ばれ、特にキューバ系の人口密度が高いところです。今ではキューバ人だけでなく、中南米の各国から来た人も多く、いずれにせよこの地区で普通に話されているのはスペイン語です。いわば中南米の縮図地区ですが、優勢なのはキューバのスペイン語です。カジェ・オチョではもちろんスペイン語だけで十分に生活できます。それ以外の場所では、英語の必要性は高まりますが、英語とスペイン語の両方ができないと仕事でも生活でも制約があるようです。

マイアミでタクシーに乗ると、多くの運転手さんはキューバ出身で、最近のキューバの様子を詳しく聞かれます。マイアミにはスペイン語のラジオ・チャネルがたくさんありますが、聞こえてくるスペイン語の多くはキューバのアクセントです。

追悼碑

マイアミ在住のキューバ系米国人の中には、キューバ革命政権に対して強い反感を持つ人達がいます。キューバ革命で財産を接収されたり、生活が厳しくなったりして米国に逃れてきた人達やその子孫達がそういう感情を持つのは理解できます。1961年には、亡命キューバ人達がCIAの支援を受けてキューバに侵攻を企て失敗に終わるのですが、その侵攻作戦で亡くなった人達を追悼する碑がカジェ・オチョに立っています（p.206写真）。

同時に、キューバ系の人達の間には、米国とキューバとの交流を進めるべきと考える人達も増えています。マイアミのキューバ系社会には、キューバ現政権との距離感をめぐって、大きな意見の相違があるのです。

しかし、マイアミでキューバ系の方々と話して強く感じるのは、反カストロ派の人もそうでない人も、「母国キューバ」に対してもの凄く強い思い入れを持っていることです。片時もキューバを忘れることができないようです。そのせいか、他国出身者のように米国社会に溶け込んでいく速度も遅いようで、米国籍を持つキューバ系

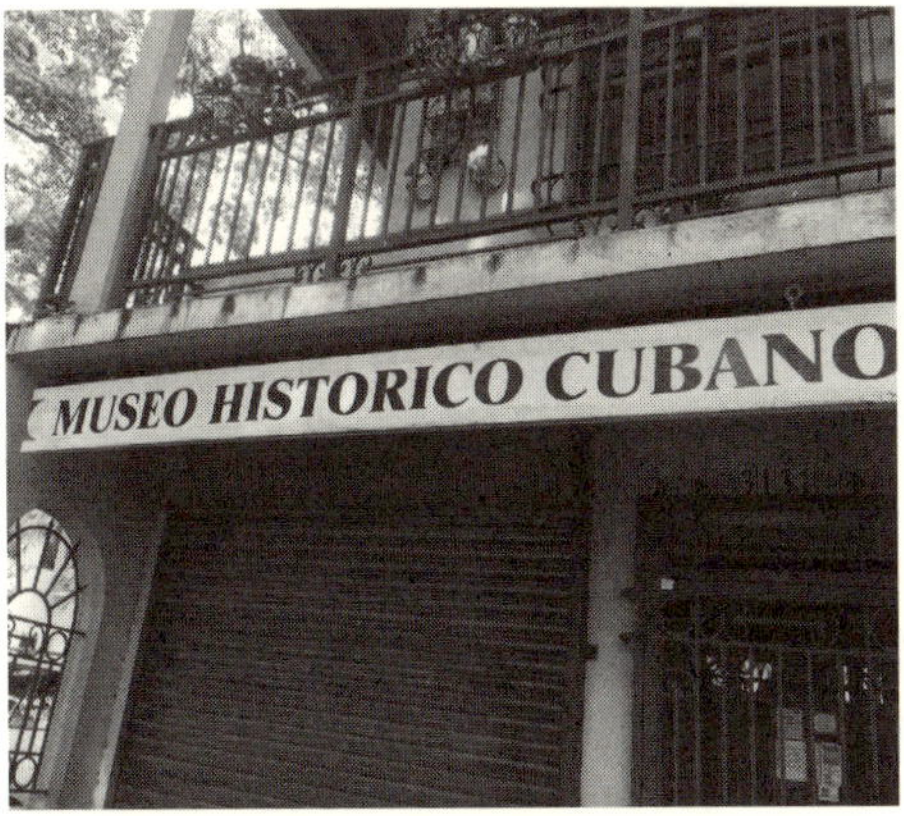

カジェ・オチョにあるキューバ歴史博物館

米国人の何人もが、帰化後長い年月を経ているのに、自分をキューバ人であると言っていたのは印象的でした。マイアミでは、誰もが常にキューバの存在を意識せざるを得ない空気が感じられます。

マイアミ・ヘラルド　キューバはじめ中南米関係の報道が多い。我々の必読新聞です。

10 キューバの日系人社会

中南米は、かつて日本から多くの方が移住し、今や210万人を超える世界最大の日系社会を有する地域として知られています。多くはブラジル、ペルー、メキシコ、アルゼンチンといった大国ですが、カリブの島キューバにも日系社会があります。

日本からの海外移住が始まったのは19世紀末ですが、キューバでは、1898年9月9日に、メキシコのベラクルス港から汽船オリザワ号に乗ってキューバのハバナ港に到着したY・オスナ（またはオオスナ）氏が、最初の日本人移住者です。キューバは、ブラジルのように日本から移住事業団の斡旋によって大規模な移住があった国ではなく、いずれもこのオスナ氏のように個人ベースで移り住んで来た方々です。

その後、砂糖産業を中心としたキューバ経済の好況を受け、1919年から1926年をピークとして、1930年代に至るまで多くの日本人がキューバに移住しました。中でもキューバ本島の南に位置する「松島」（キューバ革命後、「青年の島」と改称）にはたくさんの方が移住し、果物や野菜の栽培に従事していました。この島では、1934年に農業を営む日本人達約70人により「松島日本人農業組合」という組織が作られました。キューバ本島でも、各県で日系人の集まりができ、それぞれ各県の日系人会として各種連絡活動を行っていました。

ところが、太平洋戦争の勃発に伴い、彼らは大きな惨禍を被ることになります。当時米国と非常に緊密な関係にあったキューバは、太平洋戦争開始直後に日本に宣戦布告し、日本人と日系人が終戦後まで「松島」の牢獄に収容され、財産を没収されたことは、以前に説明したところです。そして次に来た荒波がキューバ革命です。新しい政権はキューバを社会主義国と宣言し、人々が革命前に築いた資産が国有化されてしまいました。太平洋戦争そして革命と、わずか20年の間に、苦労して積み重ねてきた資産を二度接収されるという歴史的悲劇に見舞われたのです。悲劇はここで終わりません。しばらくの間キューバは社会主義の同盟国ソ連から多大な援助を得ていましたが、ソ連崩壊により、キューバ全体が経済困難に直面することになり、その影響は今に及んでいます。日系人社会もこの苦境を免れることはできませんでした。

さて、日本からキューバに移住した方々の出身地は多岐にわたりますが、最も多いのが沖縄県で、それに広島県、熊本県、新潟県等が続きます。現在、首都ハバナと青年の島を中心として、キューバ全土に約1、200人の日系人が住んでいます。世代としては、日系2世から3世、4世の世代に移りつつあります。3世が一番、次に4世が多く、6世の人達もいます。このように世代交替が進んでいることもあって、日本語を流暢に話すことのできる日系人は非常に少ないのが現状です。

それでも日系人の皆さんは、日系であることを誇りに思い、日本との絆を維持すべく努めています。日系人会の会合を定期的に開催し、ブラジルやアルゼンチンと比べると小規模ではありますが、青年の島でのお盆行事、ひなまつり等の各種文化活動、秋には首都ハバナのコロン墓地で日系人慰霊堂供養行事を開催しています。

2016年9月には、安倍総理大臣がキューバを訪問し、日系人の皆さんとの懇談を行うという画期的な出来事がありました。安倍総理は、苦難を乗り越えてキューバの人々との信頼を築き、両国友好の架け橋として尽力されてきた日系人のご苦労を偲び、心より敬意を表する旨、日系人を通じて日本人の勤勉さがキューバから高く評価されていることは大きな誇りであり、日系人でいることを誇りに思っていただけるような日本であるよう、今後も力を尽くしていく旨の挨拶をされました。これを受け日系人を代表して、日系人連絡会のミヤサカ会長から、安倍総理の歴史的なキューバ訪問を歓迎するとともに、キューバに定住した日本人は日本人の美徳を子孫やキューバ人に残すことでキューバ国民によい影響を与えてきた、キューバ日系社会として、更なる日本・キューバ両国関係の発展に貢献していきたいと述べました。私も陪席の機会を得ましたが、日系人の中には涙ぐむ方の姿もお見受けし、私自身も目頭が熱くなりました。

冒頭で、初めて日本からキューバに移住者が来たのは1898年と述べました。2018年はそれから120年の節目にあたります。キューバでは、日系社会の皆様が中心となり、大使館や日本の民間企業、キューバの外務省や文化省をはじめとする諸機関の参加を得て、2017年末に「日本人キューバ移民120周年実行委員会」を設置しました。年間を通して、キューバの日系人の歴史を振り返り、彼らの活躍に理解を深めるとともに、日本とキューバの関係増進に役立つような多くの行事を募集し開催しています。

第5章◉キューバのあれこれ

1 オバマ大統領に感謝

海外勤務を楽しむには、任国の良い面を必死に探せと言われます。生活条件の厳しいハバナですが、良い面もあります。何よりもまず、暴走車がいないこと。なぜかというと、ほとんどの道路が穴ぼこだらけで、怖くてスピードを出せないためです。その他にも新車購入に際しては通常販売価格の8倍を支払わないといけないとか、1950年代のポンコツ車ばかりだとか、いろいろ事情はありますが、やはり道の悪さが一番の原因です。

さて、ハバナの大通り第3番街（日本大使館事務所前の通り）は、穴ぼこだらけで危険な道路でしたが、2016年2月18日、突然補修されて表面がすべすべになりました。これは、同じ日に発表されたオバマ大統領のキューバ訪問のおかげだと噂されています。一行の宿泊するホテルが第3番街にあり、その前の道がガタガタでは、国の恥になるから、急いで補修したという話です。

これを聞いて、最初は「本当かなあ?」と思いましたが、そういえば、その前年5月にフランスのオランド大統領がキューバを訪問するのに先立ち、フランス大使公邸前の道路が奇麗になり、昨年9月のローマ教皇訪問時には、バチカン大使公邸前が再舗装されました。

2016年9月に安倍総理大臣が日本の総理大臣として初めてキューバを訪問されました。しかし、非常にタイトな日程で大使公邸にお立ち寄りいただく時間がとれず、よって公邸前の道路も依然としてデコボコのままです。残念。

大使公邸前のデコボコの道

2 5番街

ハバナの道路事情、その2です。通勤時に通る5番街は片側2車線の主要幹線。いつも空いていて、他の道路と違ってデコボコもありません。人々になぜなのか聞いてみると、次の理由があるそうです。

5番街はハバナを東西に横切る主要道路で、西の端には党や政府の要人が多く住み、東の端には国家評議会や主要官庁などがあります。つまり、要人の通勤道路なので、いつも綺麗に整備されているという話です。

また、この通りでは常に以下の交通規制が敷かれていますが、同じく街の噂によれば、すべて要人警護のためということでした。

1　制限速度は時速60㎞から80㎞の間。時速30㎞とか40㎞の走行は禁止されているのです。ゆっくり走る車両は怪しい、というわけです。

2　駐車も停車も禁止です。止まっている車両は、ますます怪しいのです。止まっている車両から狙撃すればよく当たるからでしょう。

3　同じ理由から、どこの交差点も左折禁止です。左折するには、対抗車線の車に注意しながら車を止めることもあるからです。

4　バイクやバスの通行は禁止されています。小回りが利いて逃げやすいバイクや、過激集団が乗っているかもしれないバスは、危険なのです。それに、こちらのバスはしょっちゅうエンコして道を塞いでしまいます。通行できるのは、高速で走る乗用車だけです。

5　そして最後に、多くの交差点に警官が配置され、取り締まりに万全を期しています

ともあれ、快適で安全な走行ができるのは、ありがたいことです。

5番街の速度制限標識

3 キューバのキャピトル・ヒル

左の写真は何でしょうか? 米国ワシントンD.C.の連邦議会議事堂キャピトル・ヒル(Capitol Hill)? ハズレです。正解はキューバの首都ハバナにある議会議事堂、その名もカピトリオ(Capitolio)です。姿も名前もワシントンの議事堂のコピーに見える? その通りです。これが建設されたのは1929年、キューバが米西戦争を経てスペインから独立し、いまだ親米政権の時代で、ワシントンの議事堂そっくりに造られたのです。

1959年のキューバ革命以後は、議事堂としては使われていません。キューバの議会(人民権力全国議会という名前です)は、毎年6月と12月にそれぞれ2~3日の会期で開催されますが、場所はここではなく、郊外の国際会議場です。

先日、議会がここで開かれない理由を同議会の関係者に伺いました。まずは「カピトリオで開かれていた議会は米帝国主義支配下の腐敗した議会だった。すべてのキューバ人民を正しく代表する人民権力全国議会の場には相応しくないという忌避感が強かったのだ」と原則論を述べていましたが、本当のところは、そもそもカピトリオの議席が、座席数の多い下院会議場（正面向かって右側）でも140席ほどしかないので、人民権力全国会議の議員全員（605議席）が入れない、との説明でした。現在改修・拡張工事中で、ハバナ市設立500周年記念、キューバ革命60周年にあたる2019年の修復完了を目指していますが、何しろ当時の材料と全く同じものを使って修復するという念の入れようで、例えば大理石はイタリアから同じ色のものをすべて取り寄せるというのですから、果たしてそれまでに修復が終わるのだろうか、と案じながら工事を見守っています。

カピトリオ正面の階段を上っていくと、大きなホールがありますが、そこには、巨大な

議会議事堂（カピトリオ）

女性の像が立っています。共和国像と呼ばれるこの像は、高さ17m、重さ30トンで、屋内にある像としては、奈良の大仏、ワシントンのリンカーン像に次ぐ世界第3位の大きさということです。ギリシャ神話の女神ミネルヴァのイメージだけれども、顔つきはキューバの先住民族タイノ族の女性だそうです。

この大ホールの中央には、かつて大きなダイヤモンドが埋め込まれていました（今では中央銀行の金庫にしまってあります）。このダイヤモンドのあった位置が、東京の日本橋と同様、キューバの道路元標となっています。

共和国像

4 近代的監獄パノプティコン

先日キューバの青年の島に出張した際、「模範監獄」と呼ばれる旧監獄跡を訪れました。このタイプの牢屋をパノプティコン（Panopticon）と呼ぶそうですが、これはpan（汎）-opti（見る）-con（監獄）という造語です、あえて訳せば「丸見え監獄」でしょうか。

写真の通り、円筒形5階建てビルの壁際に多くの独房があり、真ん中に看守塔が立っている構造です。看守塔からすべての独房の中が見えますが、逆に独房からは、黒ガラスで覆われた看守塔の中が見えません。看守は建物の外から地下通路を通ってこっそり看守塔に行くので、看守が居眠りをしていても、さらには不在でも、収監者は常に監視されているという強迫観念から、品行方正に振る舞うことを心理的に強制されるというわけです。

囚人はとても嫌がるだろうと思われるこの監獄は、最大多数の最大幸福で知られる哲学者ジェレミー・ベンサムが18世紀に考案したもので、キューバには1931年に造られました。京都大学の佐伯啓思教授は、パノプティコンは社会の構成員を「完全に監視されていると思い込ませ、自己規律化させていく」ものであり、監獄に限らず、学校や職場でも見られる典型的な近代社会の仕組みそのものと評しています（『人間は進歩してきたのか』２０１３年、ＰＨＰ新書、２２３頁）。

外国の職場で個室が多いのは自らが生み出した近代社会への抵抗なのだろうか、日本企業の大部屋制度は課長も課員も互いに監視し合う「超」近代的仕組みなのだろうか、それでは日本企業や役所の幹部の部屋が個室であることは、反ベンサム的な堕落と退廃の象徴なのか、などと少々哲学をしてしまいました。

監視システムとしては非常に合理的・経済的なパノプティコンですが、この監獄は非人間的だとして、キューバではすでに閉鎖されています。日本でも、人権団体から収監者のプライバシーを侵害すると非難されるのでとても採用できないようです。

パノプティコン

パノプティコン内部（看守塔と独房）

5 ホセ・マルティと子供の像

ハバナは町の北側が海に面していますが、海沿いのマレコン通りを旧市街に向かって（西から東に）進んでいくと、右手に7階建ての米国大使館ビルがあります（p.226写真上）。その先には、槍のような帆柱が100本以上立ち並び、その先の広場には鯨の肋骨のような鉄骨のオブジェが続き、さらに続く遊歩道の終点には、キューバ独立の父ホセ・マルティが右手に子供を抱え左手で米国大使館を指している像があります（同写真下）。この一帯には何の説明書きもなく、観光客には何が何だかわかりませんが、外交通にとってはなかなか意味深い場所です。

米国大使館からマルティ像に続くこの一帯は、「ホセ・マルティ反帝国主義広場」というのが正式名称です。その他一般には、「旗の山林」、「嘆きの広場」（米国査証を貰えなかったキューバ人達が嘆く場所なので）とも呼ばれます。なぜこんな名前がついたのでしょうか。事は1999年、キューバから米国にボートで亡命を試みたエリアン・ゴンサレス少年が米国の親戚に保護されたことに始まります（エリアン君の母親は溺死）。キューバに残った彼の父親が引き取りを主張して米キューバ間の係争になりました。フィデル・カストロ政権は米国に怒りを向け、２０００年にはこの米国大使館前の広場を右記の通り名付けて多くのオブジェを作り、反米集会を繰り広げる場としたのです（エリアン少年は結局、米国がキューバ人の父親に親権を認めたためキューバに戻ってきました）。

次の出来事は２００６年、ブッシュ政権下の米国大使館（米キューバ間に国交のなかった当時は米国利益代表部）が大使館ビルに大きなパネルを設置しキューバ政府が不愉快に思うようなニュースを流し始めました。キューバ政府はこれに対抗して大使館前に１３６本の帆柱を建て、キューバ国旗を掲げてパネルが通りから見えないようにしたのです。２００９年オバマ政権になってからパネルは取り外されたのですが、帆柱はまだ残っています。

さて広場のマルティ像ですが、ハバナの彫刻家アンドレス・ゴンサレスの作で、子供を右手で保護し慈しむ一方、左手では「残虐な米帝国主義」即ち米国大使館を糾弾しています。事の経緯から、この子供のモデルは巷間エリアン少年と言われていますが、作者によれば、「この子供は世界の希望の象徴であり、したがって特定のモデルがいる訳ではないが、その表情はマルティの子であるイスマエリジョ君に似ている」そうです。

これが公式のストーリーですが、口の悪い人は、このマルティ像は「米国査証を申請する人は、あそこの建物に行きなさい」として米国大使館を指さしているのだ、と囁いています。

米国大使館と136本の帆柱

マルティの指さす米国大使館

6 強制収容所発祥の地キューバ

強制収容所とは一般に、政治犯、敵国籍の外国人、特定宗教の信徒や特定の民族などを、法の適正な手続きを経ず強制的に劣悪な環境の下に収容し、時に奴隷のような労働を強いる（あるいは死に至らしめることを目的とする）施設である、と言われています（犯罪者を法により裁いて収容する刑務所や、戦時に敵の戦闘員を捕虜として収容する捕虜収容所とは違います）。

そういう暗いイメージの強制収容所として思い浮かぶのは、

○まず何よりもソ連や中華人民共和国や北朝鮮のような共産主義独裁国家。ソ連の強制収容所は「ラーゲリ」という名前でスパイ小説によく出てきました。スターリンやベリヤの命令で多数の政治犯が囚われていました。第二次大戦終結後に日本人60万人がシベリアに抑留されたのも強制収容所です。

○次は第二次大戦中のドイツ。政治犯の他、ユダヤ人、ジプシー、精神病患者や同性愛者などが強制収容されホロコーストの犠牲になりました。

○第二次大戦中の米国やキューバで、日本人や日系人が強制収容所に入れられたことも忘れてはなりません。

さてこの強制収容所という仕組みは、いつ誰が発明したのでしょうか。私は長いこと、第二次ボーア戦争（１８９９〜１９０２年）時に英国が今の南アフリカでやったのが元祖だと思っていました。英語のconcentration campという単語はこの時に使われ始めたようです。

ところが、キューバの歴史を調べていたら、１８９５年から始まった第二次キューバ独立戦争の最中に、当時のスペイン軍が設置したcampo de reconcentraciónというのが、強制収容所のはしりと出ていました。１８９６年10月、キューバ派遣スペイン軍の司令官であったウェイレル将軍が布告を発出し、キューバ独立軍とスペイン軍の拠点周辺住民・村落住民との連携を絶つために、これら住民が特定地に集められるべしという指示をしました。最初にこの強制収容所が造られたのはキューバ島西部のピナール・デル・リオだそうです。

当時キューバ各地に造られた強制収容所には合計約40万人が閉じ込められ、うち10万人から30万人以上が死亡したという説もあります。19世紀末のキューバの人口が約１７０万人と言われていますから、本当だとしたらポルポトの大虐殺並みの大変な犠牲者数です。この頃米国で部数を伸ばしつつあったいわゆるイエロー・ジャーナリズム（扇動的ジャーナリズム）がスペイン軍のキューバにおける蛮行を激しく非難して米国世論を沸騰させ、これが後の米西戦争の一因となるのですが、スペインの在キューバ強制収容所がこれに一役買ったと言えるでしょう。

ちなみに、キューバ情勢について虚実とり混ぜて扇動的な記事を載せて大衆を煽り部数を伸ばしたのが、あの有名なジョゼフ・ピュリッツアーやウィリアム・ハーストです。ピュリッツアー賞はジャーナリストの勲章とされていますが、そのピュリッツアーご本人はアジテーターの新聞屋だったのです。

ジョゼフ・ピュリッツアー

7 キューバとハバナの名の由来

世界のあちこちに勤務していると、在勤地の名前がどこから来たか気になりますが、たいていはわかりやすい定番の説明があって、すぐに覚えられます。ブラジルは染料に使った木材パウ・ブラジル、フィリピンは当時のスペイン王フェリペ2世等々……。簡単に頭に入りますね。さてキューバという名はどこから来たか、なぜハバナはハバナと呼ぶのか、実にキューバらしく調べるのにえらく手間がかかった挙句、諸説あってよくわからないという結論なのですが、折角調べたのでキューバ・トリビアとしてご紹介します。

1 国名 クーバ (Cuba)

キューバは、スペイン語で「クーバ」。これは、原住民タイノ族の言語アラウカ語で「土地」を意味する「クーバ」(ｋｕｂａ)に由来するという説があります。コロンブスがこの島に来て原住民に「ここはどこだ?」と聞いたら「クーバだ」と答えた、というのです。クーバという単語には、さらに山とか隆起した場所という意味もあるそうですから、こちらの意味だったのかもしれません。外国人に「ここはどこだ?」と聞かれて「山だ」と答えたら、国名が「山」になってしまった、といった類いの冗談みたいな話ですね。そういえば米国にMontana（モンタナ）州というのがありますね。ですが、異文化・異言語間コミュニケーションの困難の象徴と捉えれば、なかなか示唆に富むアネクドートです。

同じくアラウカ語で、「クバナカン」(cubanacán、中心地)、「コアバナ」(coabana、場所を意味する"coa"と大きいという意味の"bana"が合成された「広い場所」)、同様の意味の「シバオ」(cibao) といった単語もあったようで、植民者達がこれらを混ぜこぜに使っていたようです。

実は、1492年にキューバ島を「発見」したコロンブスは、この島を「フアナ」(Juana) と命名します。その後、「アルファ・イ・オメガ」(Alfa y Omega) と呼ばれたこともあり、1525年にはスペイン国王により「フェルナンディナ」(Fernandina) と名付けられます。正式名称はフェルナンディナ島のはずだったのです。いずれにせよれっきとしたスペイン語名です。

ところがその後、スペインからの植民者達が増えて、お決まりの本土対植民地の利害対立が始まり、そんな中で植民者達は、自分達はスペイン本土とは違うコミュニティーであると自己主張するため、あえてスペイン語の正式名称を避け、現地語であるクーバ、クバナカン、シバオ、コアバナ等の名称を使っているうちに、最も発音しやすい クーバがデファクトの名称として定着したという説が、何となく頭に入りやすいようです。

ついでに面白い説も紹介します。クーバ（cuba）はスペイン語の普通名詞で桶や樽を意味します。“beber como una cuba”と言えば浴びるように酒を飲むことです。コロンブスはじめスペイン人達はこの島でとれる砂糖キビからできるラム酒を大いに飲んでいたので、島自体が“Cuba”（いわば酒樽の地）と呼ばれるようになった、というのです。もう少し真面目なバージョンでは、当時砂糖キビをしぼった液を桶や樽に入れていたので、桶や樽の多い国、即ち“Cuba”と呼ばれるようになったというのもあります。どちらも、こじつけ説のようです。

2　首都　ラ・アバナ（La Habana）

キューバの首都ハバナは、スペイン語では“La Habana”ですが英語では“Havana”、航空荷物の行き先タグには“HAV”といろんな表記のある町です。

さてハバナは1519年にスペインの初代キューバ総督を務めたディエゴ・デ・ベラスケスが創設し、「サン・クリストバル・デ・ラ・アバナ」（San Cristóbal de la Habana）と名付けました。なぜそういう名前になったか、諸説あって最早真相は不明です。

町の名の前半部分「サン・クリストバル」は、古代ローマ時代のキリスト教徒の殉教者サン・クリストバル・デ・リチア（San Cristóbal de Licia）のことです。彼は旅行者や船乗りの守護聖人なので、スペインの冒険者達にとってはごく自然な命名です。なお、このサン・クリストバルはコロンブス（スペイン語でCristóbal Colón、クリストバル・コロン）のことだという説もあるようですが、これは間違いです。当時すでにコロンブスはスペイン本国で相当毀誉褒貶のある人物とされていましたし、そもそも彼は聖人ではないのでSan（Santo）をつけてはいけないのです。

問題は後半部分「デ・ラ・アバナ」（de la Habana）の「アバナ」（Habana）がどこから来たかです。大きく分けて次の四つの説があります。

（1）「アバグアネクス」（Habaguanex）説

当時この地を支配していたタイノ族の酋長の名アバグアネクス（Habaguanex）がなまったものという説です。これが一般に最も広く受け入れられている通説のようです。なお、現在ハバナ旧市街の観光事業を司る公社の名がまさにHabaguanexで、最近その所管がハバナ歴史事務所からキューーバ革命軍の傘下に移管されたのが話題になりました。

（2）「サバナ」（jabana）説

この単語はもともとハイチから入った「サバナ」（sabana）という単語がタイノ族の間でなまってハバナ（jabana）となって使われていたという説です。"sabana"はまさにサバンナ

（草原）の意味です。何かしっくりこない説明です。

（3）「アベン」（haven）説

英語の“haven”は当時から欧州で港や入り江を意味する単語として、世界中で広く使われていたので、それがなまってハバナになったという説です。今でも南欧に“haven”という地名の入り江があるのがその根拠だとされています（本当にあるかどうか調べてませんが）。当時から英語が世界の共通語だったとは考えにくいので、眉唾のような説ですね。

（4）「アバナ」（abana）説

アバナ（abana）はタイノ族の言葉で「彼女は狂っている」という意味。こんな悲話があるそうです。スペイン人達がハバナに上陸した際、タイノ族の女性がスペイン人の船乗りと恋仲になり、一族の隠れ家や宝の隠し場所を教えてしまいます。スペイン人達はその村を襲撃して一族を皆殺しし、彼女は悲嘆にくれて焼身自殺をします。生き残った原住民達が「彼女は狂っている」と評したという話です。ポカホンタスをキューバ風悲劇にアレンジしたみたいな話で、話自体はそうかもしれないなあ、と思いますが、なぜ「狂っている」が地名として残ったか、つながりがよく見えません。

以上、飲み会のウンチクとして使っていただければ幸いです。

8 キューバの国旗

外務省に勤務していると、いろいろな国の国旗にお目にかかる機会が多く、国旗識別能力が高まりますが、国旗の図柄を解説せよと言われると必ずしも簡単ではありません。あらゆる国家にとって国旗は国のシンボルであり、それなりの思いが込められています。少なくとも勤務する国の国旗について学ぶのは、私達の義務とさえ感じています。

そこでキューバの国旗ですが、一見して赤、白、青の配色は米国、フランスやロシア等多くの国と同じであり、星や横縞という図柄もチェコやフィリピンと似ています。プエルトリコの「旗」とは二卵性双生児ほど似ています。由来を調べてみましたが、やはりキューバらしく、諸説がありました。

1 キューバ国旗誕生の経緯

キューバの国旗は意外にインターナショナルな生まれでした。いまだスペイン統治下にあった19世紀中頃、ナルシソ・ロペスというキューバ独立闘争の英雄がおりました。彼はベネズエラ生まれで、スペイン軍に従軍した後にキューバ独立運動に身を投じたという経歴の持ち主です。１８４９年のある日、ニューヨークに亡命していたロペスは、赤い三角形の雲、白い星、二筋の白い雲が出てくる夢を見ます。「これだ！」とひらめいたロペスは、同じくニューヨーク在住の詩人ミゲル・テウルベ・トロンの家を訪れ夢の内容を熱く語ります。テウルベがこの話を聞いて描いたのが、今のキューバ国旗の図柄だという話です。

早くも翌１８５０年、キューバ独立闘争のためキューバに向かったロペスの船には、この〝キューバ国旗〟が掲げられていました。１８６８年にはキューバの第一次独立戦争が開始、１８６９年にキューバ〝独立政府〟の議会が開催され、そこでロペスの旗がキューバ国旗として採用されました。厳密に言うと、米西戦争後の米国による軍事占領を経て１９０２年にキューバが独立した時に、ハバナの風に颯爽となびいたのがキューバ共和国国旗としての正式デビューと言えましょう。

１９５９年革命で誕生した現在の政権は、１９０２年の「独立」というのは単に植民地の主が交替したに過ぎないとして、革命前キューバとの連続性を何事につけ否定するのが常ですが、キューバ国旗に関する限り、そのまま無事に当時のものが続いています。

2　キューバ国旗のシンボリズム

キューバ国旗の図柄は、通常次のように解説されています。
（1）青い3本の横縞は、スペイン植民地時代の三つの地域（東部、中部、西部）を表します。
（2）白い2本の横縞は、純粋な愛国心を表します。
（3）左にある赤い三角形は、独立のために流されたキューバ人民の血を象徴します。もっともこれには異説もあり、次の3説がよく出てきます。
（ア）三角形の各辺は、フランス革命の標語である自由、平等、博愛。
（イ）三角形の各辺は、立法、行政、司法の三権の分立。
（ウ）三角形は、フリーメイソンのいう「宇宙の設計者による摂理」の象徴。
米国の1ドル札にあるピラミッドはじめ、フリーメイソンにとって三角形という形が重要な意味を持つらしいというのは聞いたことがありますが、キューバ国旗との関係は、正直なところ不明です。
（4）赤い三角形の中にある白い星は、完全な独立の象徴です。

キューバの国旗

この星についても、フリーメイソン流に、星の五つの先端がそれぞれ力、美、知恵、徳、団結を表すという解釈も見たことがあります。

ここまで読んでいただいたところで恐縮ですが、実はキューバ国旗は、キューバ独立に米国の支援を得る目論みもあって、そもそも米国国旗に似せて作ったのだという説さえあるのです。

いつものように諸説の紹介に終わってしまいましたが、個人的にはメイソンの話に惹かれます。いつかシンボリズムに詳しい作家ダン・ブラウン（注）に解き明かしてもらいキューバが舞台の小説になればよいなと期待しています。

（注）ダン・ブラウン―1964年米国生まれの作家。代表作は『天使と悪魔』『ダ・ヴィンチ・コード』『ロスト・シンボル』。

9 キューバの国章

前項ではキューバの国旗について解説しましたが、今回のテーマは国章です。国章も国旗と同様、国のシンボルとして多くの意味が込められています。まずはキューバの国章をご覧ください。

キューバの国章

1 経緯

キューバの国章はその国旗と同じく、キューバ独立を目指す二人のコンビが立役者です。1849年にナルシソ・ロペスの依頼を受けてミゲル・テウルベ・トロンがニューヨークで考案したものです。当時は、ニューヨークでテウルベが主宰しキューバ独立への支援を訴えかける新聞に新生キューバ国のシンボルマークとして載せるために作られた由です。そして独立達成後の１９０６年、法律第42号によって正式に「国家の象徴」と位置づけられました。この国章も国旗と同様、１９５９年革命体制の下でも継続して使われています。

2　図柄の説明

他国と同様、キューバの国章もわりと複雑です。まず楯の中の絵ですが、三つの部分に分かれています。

（1）上部は、水平線に昇る朝の太陽を背景に、左右二つの岬と、真ん中に大きな鍵が描かれています。二つの岬はユカタン半島とフロリダ半島、新大陸と旧大陸、あるいは南北アメリカ大陸を表すと言われ、鍵に象徴されるキューバ島が、これら二つの地域を結びつける重要な役割（文字通り key role）を果たすというわけです。

なお、キューバと日本がともに島国であるためでしょうか、キューバの国章に旭日が描かれているのは興味深い共通点です。光線の本数をよく見ると、日本は16条なのに対してキューバは11条です。歓談の話題に使えそうですね。

右下の絵は、山と椰子の木（大王椰子）という、キューバの自然を表します。ちなみに大王椰子の木はキューバの「国の木」でもあります。

左下には、青い3本の縞が描かれていますが、当時のキューバの3地域（東部、中部、西部）を表します。ここはキューバ国旗と同じですね。

（2）次に、この楯を支える台ですが、右が月桂樹、左が樫の木の枝です。月桂樹は名誉を、樫は勝利を意味します。

（3）最後に、楯のてっぺんにある帽子です。この赤い三角帽はフリジア帽と呼ばれ、古代ローマ時代に解放された奴隷がかぶっていたそうです。この故事に習ってフランス革命時には自由の象徴、サン・キュロットのトレードマークとして使われたということです。キューバ国章でも同じく自由を象徴します。この帽子はどこかで見たなと思って探してみたら、アルゼンチンの国章の帽子と同じものでした。

フリジア帽には白い星がついています。これが独立を意味するのは、キューバ国旗と同じです。考えてみれば国旗も国章も同じ人達の作ったものですから、同じシンボルに同じ意味が込められているのは当然ですね。

10 キューバの国歌

人気のキューバの音楽と言えば、サルサ、ルンバ、マンボ、ソンといったラテン音楽ですね。キューバ音楽ファンを自称する私はアフロ・キューバン・ジャズと呼ばれるカテゴリーが大好きで、足繁くハバナのジャズバーに通っています。しかし、ハバナに生活していて最も頻繁に聞く曲はサルサでもジャズでもなく、キューバの国歌です。すでに何百回聞いたことでしょうか。キューバではあらゆる行事が行われる時、必ず冒頭に国歌が流れるためです。何行事の開始を告げるのが国歌吹奏で、序奏が始まると参加者全員が起立して合唱します。何しろ小さい頃から学校で習ってきているので、キューバ国民は皆国歌の歌詞をしっかりと覚えています。

それほど身近なキューバ国歌ですから、私としてもその生い立ちや歌詞を知らない訳にはいきません。ということで、今回は、私なりに調べたキューバ国歌のあれこれをご紹介します。

キューバは15世紀末以降、長らくスペインの支配下にありましたが、19世紀後半になると独立の機運が次第に高まってきました。そんな時代精神の中で、1867年、音楽家のペドロ・フィゲレドがいわば独立闘争の主題歌として曲を作り、翌年同じくフィゲレドによってこの曲に歌詞がつけられました。その後キューバの独立戦争の間ずっと歌われ続け、1902年キューバの独立に伴って正式に国歌となります。国旗や国章と同じく革命後も新政権に引き継がれ国歌の地位を保っています。

このキューバ国歌の題名ですが、キューバではラ・バヤメサまたはバヤモ賛歌と呼ばれています。バヤモはキューバの東部グランマ県の首都ですが、なぜこの町の名がついているかというと、この曲が最初に演奏されたのがバヤモだったため、あるいは、1868年に始まった第一次独立戦争における独立軍の象徴的な勝利が主要都市バヤモの陥落だったため、と言われています。町の名前を国歌の曲名にするのは、フランスのラ・マルセイエーズと同じですね。

ラ・バヤメサはキューバ独立を目指す闘争の歌ですから、メロディーも歌詞も非常に勇ましい響きです。メロディーはここで五線譜を書くよりYouTubeなどで聴いていただくとして、ここでは歌詞について解説します。以下、括弧内は渡邉私訳です。

（1番）¡Al combate corred bayameses,（バヤモの皆よ、戦いに参じよ）
Que la Patria os contempla orgullosa,（君達は祖国の誇りなのだから）
No temáis una muerte gloriosa,（栄誉ある死を恐れるな）
Que morir por la patria, es vivir!（祖国のために死ぬとは、生きることだから）
（2番）En cadenas vivir, es vivir,En afrenta y oprobio sumidos.（鎖につながれた人生は、恥辱と不名誉にまみれた人生だ）
Del clarín escuchad el sonido,（ラッパの音を聞け）
¡A las armas valientes corred!（勇者よ、武器を取れ）

実は、ラ・バヤメサはもともと6番までの歌詞があったのですが、１９０２年に正式に国歌として採用される際に3番～6番が削除され、現在歌われるのは1番と2番だけです。6番まであると長過ぎるし、3番以降があまりにスペインを酷評しているのでキューバの品性を疑われないようにここを削って短くしたのだ、と言われています。削除された部分には、例えば「イベロの奴ら（スペイン人）は残忍だが臆病者だ（los feroces íberos son cobardes)」、「スペイン帝国は終わった（para siempre su imperio cayó)」、「スペインは死んだ（Ya España murió)」等の歌詞があったのです。

ところで、ラ・バヤメサという題名がラ・マルセイエーズと同じく町の名前であると書きましたが、そもそもフィゲレドがラ・マルセイエーズを参考にしてこの曲を作ったという説があります。フランス国歌の方も対オーストリア戦争に向かう兵士を鼓舞するための曲ですから、確かに作詞作曲時の状況は似通っています。歌詞も「武器をとれ、市民達よ」（Aux armes, citoyens）、「前進しよう」（Marchons, marchons）等類似の表現があります。もう一つ、ラ・マルセイエーズも1番から7番まで長い歌詞を持つ国歌という点も似てますね。

11 キューバの公共交通機関

日本からキューバを訪れる方々は通常タクシー（後述のイエローキャブ）を使うことが多いと思いますが、キューバの人達が普段利用している交通手段は全然別モノです。本日は、そもそもハバナ市内にどんな公共の乗り物があるのか、写真入りでご紹介します（キューバでは鉄道は長距離輸送用しかないので、ここでは省略します）。

1　国営バス

この写真は国営のバスです。料金が安く市民の主要な交通手段なのですが、最大の問題は当てにならないこと。そもそも停留所に行っても時刻表がありません

国営バス

し、雨の日などは来るのか来ないのかさえわかりません。料金は乗車区間次第で、40センタボ（約1・76円）から1人民ペソ（約4・4円）です。

2 タクシー・ルテロ（共同組合の運営するバス）

国営バスでなく、個人が集まって経営する共同組合のバスです。バスの車体そのものは国（国営企業）からの借り物ですが、国営バスと違って定期的に洗車をしているため、あまり埃が目立たない綺麗なバスです。冷房も付いています。他方、料金もかなり高めで、乗車区間により5人民ペソ（約22円）から15人民ペソ（約66円）です。

3 アルメンドロン（乗り合いタクシー）

国営のバスと並んで重要な市民の足がこのアルメンドロンです。車両はとてつもなく古いア

タクシー・ルテロ

メ車か、そこそこ古いソ連製ラダかモスコビッチ。普通の乗用車ですが、大きめの車ならば前列に運転手＋2名、後列は4名くらいは平気で乗ります。冷房はついておらず、たまに乗客自身が後部ドアが開かないように押さえていなければならないほどのボロ車もあります。料金は乗車区間次第で5人民ペソ（約22円）から20人民ペソ（88円）。

道ばたで手を上げて止め、どこに行きたいかを告げますが、運転手は自分の決めたルートしか走らないので折り合いがつかなければ乗れません。さて、乗車したら直ちに料金を確認する必要があります。運転手は相当のすれっからしが多く、外国人と見ると、同じ5ペソでも5兌換ペソ（約550円）などと目茶苦茶ふっかけてきますので、要注意です。

なお、アルメンドロンと同じような車両ですが、乗り合いでないタクシーもあります。もちろん値段

アルメンドロン

は張ります。日本大使館から旧市街まで、乗る人の交渉力次第で5兌換ペソ（約550円）から15兌換ペソ（約1、650円）。後述のイエロー・キャブよりは安めですが。

4　バイク・タクシー

バイク・タクシーはハバナではほとんど見かけません。写真はたまたま町外れで見つけたものです。普通のバイクの後部に荷台をつなげただけの簡単な作りで、荷台に収容可能な人数一杯の乗客を載せます。速度の遅いのが難点。乗ったことがないので（あまり乗る気もしませんが）料金は不明です。

5　自転車タクシー

いわゆる三輪自転車で、後部座席に2名まで乗れます。ハバナ旧市街にたくさん走っていますが、乗客はキューバ人もいれば観光目的の外国人もいます。先日、5分ほどの距離を乗ったら5兌換ペソ（約5

バイク・タクシー

50円）と日本のタクシーより高い値段でしたが、まあ半分観光と思えば安いものです。なお、キューバ人は同じ距離で5人民ペソ（約22円）払っているようですが、キューバ人と外国人の払う値段が違うのはよくあることです。

6　イエロー・キャブ（黄色タクシー）

ここから先は、金持ちのキューバ人と外国人用の乗り物で、キューバ人民が普段使う公共交通機関ではありません。この写真が、私たちがよく使ういわゆるタクシーです。ボディが黄色で屋根が白く、車両もそこそこ新しいのが特徴で、国営です。料金は距離と交渉力次第ですが、大抵の場合日本大使公邸から旧市街まで約15兌換ペソ（約1、650円）と、正直言って随分高めです。

なお、かつてキューバのタクシーには料金メーターがついていたのですが、最近では運転手と乗客の交渉に委ねられています。

自転車タクシー

7　クラシックカー

キューバと言えばクラシックカー！　よくご存じの、1950年代のアメ車です。観光客にとってはキューバ旅行の最大のお目当てとも言える存在です。運転手の英語解説付きドライブを1時間楽しんで約40兌換ペソ（約4，400円）と高額ですが、折角キューバに来たからにはと、奮発して乗ってしまいます。カウボーイハットやパナマ帽をかぶった外国人が5〜6人乗り込んで楽しそうにドライブする姿は、今やハバナの典型的な風景となっています。

8　ココ・タクシー

三輪バイクに黄色い屋根をかぶせると、写真のようにココナッツ（coco）のような風貌のココ・タクシーができあがります。前座席の運転手に加え、後部座席に2名が乗車可能です。

イエロー・キャブ

ハバナ旧市街からミラマール地区の大使公邸まで15兌換ペソ（約1、650円）でした。日本の原動機付き自転車並みのスピードで、登り坂はヒイヒイと唸りながらよじ登るような小さなエンジンですが、周囲を気にせず大通りをのんびりと走るのは、爽快な体験でした。

9　馬車

写真の馬車はハバナ旧市街を走る外国人観光客用です。料金ですが、先日、30分位の観光ツアーで30兌換ペソ（約3、300円）と言われたので（値下げ交渉の余地はあったかもしれませんが）乗りませんでした。首都ハバナを離れて地方都市に行くと、もう少し地味な馬車が文字通り市民の足として活躍しています。

10　その他

キューバでは、これらの交通手段がどれも使えない時、

ココ・タクシー

クラシックカー

「ボテジャ」（botella、もともと瓶という意味）と呼ばれる最後の手段があります。他人の自動車に乗せてもらうことです。道路沿いでヒッチハイクする人をしょっちゅう見かけます。

馬車

12 キューバの革命暦

下の写真を見てください。キューバ共産党中央委員会公式機関誌グランマ面の第一面右肩に記された日付の部分です。１行目、２行目の発行日付「２０１８年８月24日」に続いて「革命暦60年」（Año 60 de la Revolución）と記されています。

キューバでは西暦（グレゴリオ暦）の他に、「革命暦」という独自の暦も使っているのです。１９５９年１月１日のカストロ達の革命実現を「革命の勝利」と呼んでいます。これによって新たな時代が始まったのだという意味を込めて、１９５９年を元年とする革命暦が作られたのです。新聞だけでなく、街中に掲げられているスローガンにも革命

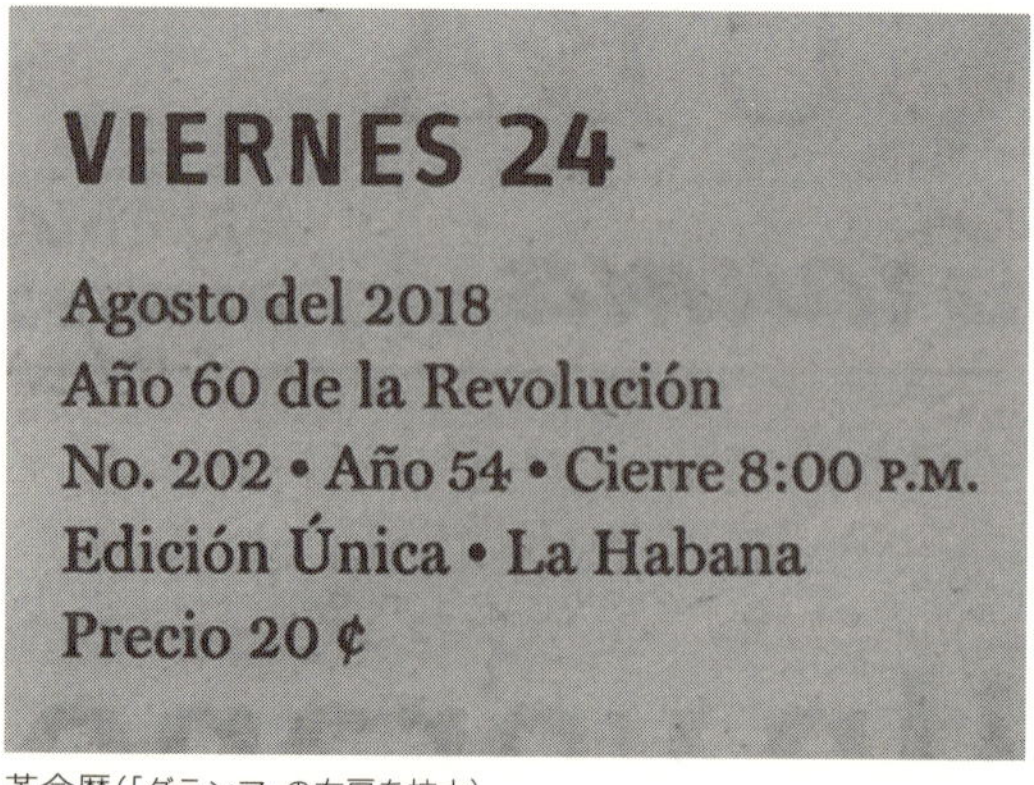
VIERNES 24

Agosto del 2018
Año 60 de la Revolución
No. 202 • Año 54 • Cierre 8:00 P.M.
Edición Única • La Habana
Precio 20 ¢

革命暦（「グランマ」の右肩を拡大）

暦60年という表示が見られます。

とはいえ、キューバでは日常の業務、例えば文書のやりとりなどでは政府も西暦のみを使用していますし、通常の会話で使うのも西暦だけなので困ることはありません（それに、キューバ革命暦もヒジュラ暦やユダヤ暦と違って太陽暦のグレゴリオ暦なので「西暦－1958＝キューバ革命暦」と覚えておけば楽です）。むしろ、日本のカレンダーには元号（平成30年）、西暦、そして時には皇紀（2678年）が併記してあるという話をすると、キューバ人の方が驚きます。

革命にまつわる暦と言えば、世界史の授業に出てきたフランス革命暦やソビエト革命暦が有名ですが、かつて台湾の方からいただいたカレンダーに「中華民國○○年」という民國紀元が

Granma

VIERNES 24
Agosto del 2018
Año 60 de la Revolución
No. 202 • Año 54 • Cierre 8:00 P.M.
Edición Única • La Habana
Precio 20 ¢

ÓRGANO OFICIAL DEL COMITÉ CENTRAL DEL PARTIDO COMUNISTA DE CUBA

Aquí están las hijas de la Patria

LEIDYS MARÍA LABRADOR HERRERA

LAS TUNAS.–«Todas somos fruto del ejemplo de grandes mujeres que han escrito la historia de la Patria», afirmó la miembro del Buró Político y secretaria general de la Federación de Mujeres Cubanas (FMC), Teresa Amarelle Boué, durante el acto nacional por el aniversario 58 de la organización, que tuvo por sede a Las Tunas; y en el que se dio a conocer un mensaje de felicitación enviado por José Ramón Machado Ventura, Segundo Secretario del Comité Central del Partido Comunista de Cuba.

En sus palabras, la dirigente recordó el sacrificio de valiosas mujeres, que fueron determinantes para el curso del proceso revolucionario, y señaló además que las cubanas de hoy tienen por delante también enormes metas, en pos de la sostenibilidad de un sistema que les ha garantizado los más disímiles derechos.

Miliciana, fotografía de Alberto Korda.

35 000 jóvenes. Asimismo, 25 000 muchachas ocupan hoy el cargo de secretarias de sus delegaciones, lo que implica una saludable imbricación intergeneracional.

Entre los grandes retos

política y administrativa, y el funcionamiento de las Casas de Orientación a la Mujer y a la Familia que, al cierre del primer semestre del presente año, habían atendido a unas 300 000 personas.

El proceso de análisis y debate del Proyecto de Constitución forma parte hoy de las prioridades de la FMC; en ese sentido, su Secretaria General expresó que las federadas están llamadas a la plena comprensión de cada uno de los artículos, para contribuir de forma activa al intercambio popular.

REALIZACIÓN DEL SUEÑO
→ La FMC en Las Tunas arriba a este aniversario con el 92,44 % de integración.
→ El papel de las Casas de Orientación a la Mujer y a la Familia se consolida en tres grandes líneas: el trabajo individual, grupal y la capacitación gracias a programas de adiestramiento; esta última, por medio de cursos que dotan a las mujeres de habilidades para incorporarse a la vida laboral, tanto en el sector estatal como privado.

FOTO: OSVALDO GUTIÉRREZ GÓMEZ

Cómo ha sido este verano en Cuba?

En reunión de chequeo del plan del verano, Díaz-Canel reconoció la variada oferta brindada a la población, sin desconocer la persistencia de algunos problemas.
En medio de las tensiones económicas por las que atraviesa el país, comentó, se ha

en la memoria de la gente, enfatizó Díaz-Canel, quien orientó hacer una evaluación final con vistas a mejorar la programación veraniega y determinar cuáles actividades pueden mantenerse, luego de culminadas las vacaciones.
→ En diálogo con los Gobier-

共産党機関紙「グランマ」

書いてあったのを思い出しました。これも辛亥「革命」（１９１１年）によって中華民國が成立した１９１２年を紀元とする紀年法ですね。

ブラックジョークのような話ですが、北朝鮮で使われている主体暦というのも金日成が生まれた１９１２年を元年とするので、民主主義の台湾「民國紀元」や我が国の大正と一致します。

脱線ついでに、米国・キューバ関係を調べていたら、キューバに対する国家緊急事態法の適用を延長する旨のトランプ大統領布告の末尾に、こんな記述を見つけました。"IN WITNESS THEREOF, I have hereunto set my hand this twenty-second day of February, in the year of our Lord two thousand eighteen, and of the Independence of the United States of America the two hundred and forty-second.（西暦２０１８年、米国独立２４２年２月22日）" 米国の独立は革命とも呼ばれていますから、米国も「革命暦」を併用しているのですね。

13 キューバ訪問のヒント

近年、キューバ訪問者数はうなぎ登りで、2017年には460万人を超えました。同年、日本からは2・2万人がキューバを訪れました。多くは観光目的ですがビジネスや文化交流目的の方々も増えています。そこで、今回は必ずしも旅行ガイドブックに書いていないキューバ特有の注意事項をご紹介します。キューバ旅行や出張を計画中の方は、外務省ホームページの海外安全情報と併せて、この項を参考にしてください。

1 査証

(1) 純粋に観光目的でキューバを訪問する際には、「旅行者カード」(または「観光査証」)の取得が必要です。事前に在京キューバ大使館でもらっておくことをお薦めします(キューバ行き飛行機の中でカードを配ってくれることもありますが、当てにしないのが安全です)。

(2) 観光以外の目的を含む渡航の場合には、在京キューバ大使館を通じてその目的に応じた特別の査証を取得しておくことが必要です。観光もするけれど、併せて大学や報道関係者と会って話をする、病院や研究施設等の機関を訪問する、演奏会や講演会をするといった場合、観光査証では入国できません。

そのためには、キューバの訪問先機関から「招待状」を発出してもらい、これを在京キューバ大使館に提出するか、当該機関が在京キューバ大使館に「査証発給許可」を通知することが求められます。これを待って初めて目的に相応しい査証（例えば文化査証）が発給されるのです。この招待状にせよ査証発給許可にせよ、訪問者の役職や身分に応じたカウンターパート機関しか発出できないので、必ず時間的余裕を持ってそのような機関を見つけて接触することが必須です。

2　入国の経路

（1）私は東京からハバナに来る際はトロント乗り継ぎのエアカナダ便をしょっちゅう使っていますが、カナダで便を乗り換えるだけでもカナダ入国と扱われるので、電子渡航認証（eTA）を取得することが必要です。ネットでeTAと探せばすぐに見つかり簡単な手続きで取得可能です。

（2）最近は米国各地からキューバへの航空便が就航しています。これを利用する場合の注意事項は二つあります。

一つは、米国入国のための査証または電子渡航認証システムへの登録（ESTA）が必要ということ。この点はカナダと同じです。

もう一つは、米国の対キューバ制裁との関係で、米国からキューバへの「観光目的」の渡航が認められないということです（米国に住む外国人がキューバに行く時も、外国人が米国を経由してキューバに行く場合も同じです）。

認められるのは以下の12のカテゴリーに入る渡航ライセンスのみです。（①family visits, ②official business of the U.S. government, foreign governments, and certain intergovernmental organizations, ③journalistic activity, ④professional research and professional meetings, ⑤educational activities, ⑥religious activities, ⑦public performances, clinics, workshops, athletic and other competition, and exhibitions, ⑧support for the Cuban people, ⑨humanitarian projects, ⑩activities of private foundations or research or educational institutes, ⑪exportation, importation, or transmission of information or information materials, ⑫certain authorized export transactions）

私が前回マイアミからハバナに入国した際は、マイアミ空港で電子チェックイン機に上記12のカテゴリーが現れ、自分で渡航目的に相応しいカテゴリーを押すという手続きでした。

２０１７年11月には、キューバに厳しいトランプ米国政権が、米国からキューバへの渡航を一定程度制限する規則を発表しました。要するに、上記12のカテゴリーのうち⑤と⑧が事実上米国人のキューバ「観光」旅行の口実に使われていたので、全滞在日程を提出するとか付き添い人が必要だとか、厳しい条件を課されることになったのです。結構複雑な仕組みなので、米国経由でキューバに行こうとする人は米国の規則をよく調べてください。

3　ハバナの空港に着いたら

（1）ハバナの空港では、入国審査を済ませてバッゲージ・クレームに行く前に、金属探知機で機内持込み手荷物をチェックされます。機内持ち込み手荷物は、出発空港（例えばトロント）で念入りに済ませているので、爆弾とか刃物など危ないものは誰も持っているはずはないのですが……。実はこの検査は、保安検査ではなく輸入禁制品のX線チェックなのです。

キューバではWi-Fiモデムやルーター、無線機、ドローン、アンテナ付の機械は持ち込み厳禁です。もちろん生鮮食品や肉加工品等もNGですので、注意しましょう。なお、輸入禁制品ではないですが、楽器や医療器具も要注意です。こちらは、出国の際に「キューバの文化財でないことを証明できなければ国外持ち出し禁止」なので、音楽家、医師の方々は事前に申告しておくことが必要です。私も赴任時に米国フェンダー社のジャズベースをキューバに持ち込む際に、「なぜ米国製の楽器がキューバの文化財なのだ?」と言いたいのを堪えて事前申請をした覚えがあります。

（2）貴重品は必ず機内持ち込みとし、肌身離さず持ち歩いてください。

4　宿泊

（1）多くの方は日本でホテルを予約すると思いますが、最近は宿泊費の安い民泊も流行っています。AirBnBなどで民間の宿泊施設を簡単に探せます。ただし、キューバ政府に正規に許可された民泊でないと「重大な法律違反と見なされ」、「友人やフィアンセ等の家に宿泊することは認められず」、「出国の際に問題となる可能性があります」ので、注意が必要です。料金が安い分サービスもそれに応じたレベルであることは覚悟してください。また、外交旅券、公用旅券でキューバを訪問される方は民泊不可とされています。

（2）キューバのホテル宿泊時の注意事項に「10倍ルール」というのがあるそうです。ビーチリゾートとして有名なバラデロのホテルで、酔った客が思わずテレビに寄りかかって倒してしまったら、「10倍ルール」に従って新品テレビ価格の10倍（5、000ドル）を罰金として支払わされたという話です。ラム酒を飲み過ぎるなという教訓です。

5　滞在中

（1）日本ではクレジットカードやパスモ等で支払いをするのが通常ですが、キューバは基本的にはまだ現金社会です。高級ホテルや一部のレストランではカード払いもＯＫですが、米国の対キューバ制裁のため、引き落とし先銀行が米国のカードは使えないので注意しましょう。もちろんアメックスは全然駄目です。

（２）軍関係施設など、街のところどころに写真撮影禁止の立て札があるので、こういう場所では決して写真をとってはいけません。私は、景観地のサインかと思ってついこの看板の写真を撮ってしまいましたが……。

（３）キューバのネット環境はまだまだ発展途上段階です。私達キューバ在住者は４Ｇも３Ｇも使えません。ごく一部のホテル等でＷｉ-Ｆｉが使えますが、使用料金が発生しますし、日本と同じスピードを期待しないでください。キューバにいる間くらいは、ネットと無縁のスローライフを楽しみましょう。

（４）キューバはよく雨の降る国ですので、折りたたみ傘の携行をお薦めします。特に秋の台風シーズンには時速２５０ｋｍの暴風雨が来

撮影禁止の立て札

ることもあるので、気象情報のチェックもお忘れなく。

6 出国時

キューバには2種類の通貨が流通しています。キューバ・ペソ（CUP）と兌換ペソ（CUC）ですが、私たち外国人が使うのは兌換ペソで、米ドルと等価です（ただしドルからの換金時には10％課徴金をとられます）。レストランの支払いや日本への土産で数万円換金して余ったらどうしますか？　実は旅行者がCUCやCUPをキューバ国外に持ち出そうとすると空港で没収されます（某国の外交官である私の友人は1、000ドル相当のCUCを没収されました）。

出発時に空港で余ったペソを全部はたいてキューバ名産ラム酒を買うのは一案ですが、必ずスーツケースに入れて預け荷物にしてください。機内持込み手荷物にすると、帰路の乗継ぎ空港の手荷物検査にひっかかって没収されてしまうおそれがあります。結局、換金したらパーっと使って大いにキューバ滞在を楽しもう、ということでしょうか。

以上に書いたことの他にもいろいろありますが、しっかり事前に準備して、旅行会社や経験者などに十分注意事項を聞いて準備万端整えて、キューバ滞在を楽しんでください。

14 自動車のナンバープレート

ハバナの街を走る自動車をじっくり観察していると、自動車（ここでは乗用車）のナンバープレートごとにそれなりの特徴のあることがわかってきました。オタクの話題に見えるかもしれませんが、実はキューバの自動車輸入・購入をめぐる特別な制度にかかわる真面目な問題であり、外国投資呼び込みの障壁にもなっている課題の一つでもあります。本項の情報を頭に入れてキューバを訪問されれば、より深い経済事情の理解に繋がるでしょう。

まず前提となる基礎的情報です。

1　キューバを走る自動車のナンバープレートは、アルファベット1文字と6桁の数字から成っています（パトカーだけは例外的に通し番号の数字です）。このアルファベットを見れば、持ち主や運転者の察しがつきます。

2　キューバでは自動車を生産していないので、すべて輸入車つまり外国ブランドの外国製造車です。

3　キューバでは、普通の人は自動車を輸入できません。政府または特定の国営企業だけです。

4　自動車を使う人や企業はこれらの輸入独占国営企業から自動車を売ってもらうことになりますが、その際、購入者のカテゴリーによって価格が異なるのです。

一般人は、新車であれば輸入価格の8倍（!）の値段で購入しなければなりません。中古車ならば15倍（!）です。一方、主として自動車提供サービス等を行う国営企業、例えば国営タクシー会社やレンタカー会社等は輸入価格＋20％の値段で購入できます。一般人が200万円のトヨタ・カローラの新車を買うには1、600万円必要になります。労働者の平均賃金が月額30ドルの国で、このような途方もない価格で自動車を購入できる人はほとんどいません。キューバ政府は自動車の普及をディスカレッジしていると言えるでしょう。

5　こうやって一度輸入され販売された自動車を、その後他の人に売る際には、取引税4％と収入税4％が課されるだけで、8倍ルールや15倍ルールは適用されません。売手と買手の相対取引で価格を決められます。

さて、そういう前提でいろいろなナンバープレートを見ていきましょう。

1 公用車

(1) Bナンバー(B○○○○○、例えばB123456というナンバープレート)

Bナンバーはいわゆる公用車で、政府や国営企業・公社・公団の所有する車両です。いかに安く購入できるといっても、財政難の政府・国営企業ですから、その多くは相当年季の入った古い車両です。先に「キューバの公共交通機関」でご紹介した黄色いタクシーやバスは全部Bナンバーです。

Bナンバーで面白いのは、こういう公共交通手段としての車両に加え、政府や国営企業の役職者にもBナンバー車があてがわれていて、毎日24時間自分で使えるのです(その代わり運転手さんはおらず自分で運転します)。そのため、休日はもちろん平日でもBナンバーの車両に家族数人が乗って買物している姿をよく見かけます。政府や国営企業の職員本人でなく家族が運転しているのです。その代わり、Bナンバー車はヒッチハイク希望者を乗せなければいけないルールがあるそうで、私もそういう場面を何回も見たことがあります。

Bナンバー

（2）Fナンバー（F○○○○○というナンバープレート）

Fナンバーはキューバ革命軍所有の車両です。台数はあまり多くないようで、街で見かけることは稀です。さすがに家族連れで乗っているFナンバーは見たことがありません。

（3）Mナンバー（M○○○○○というナンバープレート）

Mは内務省（つまり警察系）の自動車です。Bナンバー同様に私用公用車としても使われているようです。

2 民間系

（1）Pナンバー（P○○○○○というナンバープレート）

個人所有の車両です。ハバナの街を走るクラシックカーもPナンバーですが、多くは、製造後何十年も経っているソ連製ラダとかモスコビッチ等の年代物です。こういう年代物はすでに遠い昔に輸入されており、8倍価格ルールの適用なしに売買されているので、それなりの低価格と思われます。しかし……

時々、写真（プジョー407）のような高級車の新車も見かけます。ネットで調べた日本で

Fナンバー

の最低価格360万円をもとに計算すると2、880万円以上になります。某所で値段を調べた人から聞いたところ、KIAのバン（新車）が約1、300万円、トヨタ・プラドの中古が約1、500万円で売られていました。

さらに、次ページの写真は、フェラーリです。輸入時にこれを買った人は少なくとも1億円払ったはずですが、どこにそんな資金があるのか、不思議です。

（2）Kナンバー（K○○○○○というナンバープレート）

Kナンバーは外国企業ないしキューバとの合弁企業で働く外国人の車両です。新車8倍価格ルールが適用されますので、普通の会社はとても輸入できません。各社とも大昔の車両を大事に使ったり、レンタカーで（月極で借りると2、000～3、000ドル／月と聞いています）対処するなど、大変苦労しています。自ずと、車種も古いものが多いようです。自動車購入のコストは、外国企業がキューバに進出する際の大きな障壁となっているのです。

Pナンバー

（3）Tナンバー（T○○○○○というナンバープレート）

Tはtouristの T、つまり主として外国からの観光客や商用客用のレンタカーです。国営のレンタカー会社が安い価格で購入できるおかげで、70年代や80年代のボロ車ではなくわりと新しい車両が多いようです。ただし多くは中華人民共和国製や韓国製です。

3　外交団

（1）Dナンバー（D○○○○○というナンバープレート）

DはDiplomatのD。免税輸入が認められているので、車種は豊富です。次ページの写真は私のカローラです。経済的な制約もあって7年モノの8万キロ走行、前前任者からの引き継ぎですので、だましだまし使っています。他国の外交使節団ではメルセデス・ベンツや新しい型の日本ブランド車が流行っているようです。

フェラーリ

（2）Eナンバー（E○○○○○というナンバープレート）

外交使節団の技術職員および外交官の配偶者が購入できる自動車。扱いはDナンバーと同じです。

筆者使用のカローラ

15 キューバ独立の父ホセ・マルティ

ハバナの中心部に広大な革命広場があり、政府の主要機関や共産党本部等の建物が集まっています。そこには、高くそびえる109メートルの塔と、塔を背景にして18メートルの銅像が、広場を見下ろす高台に建っています。この像こそ、キューバ独立の父と呼ばれるホセ・マルティです。日本では、キューバと聞くとフィデル・カストロを連想しますが、キューバでは

ホセ・マルティ記念館のマルティ像

フィデルもさることながらホセ・マルティが最も著名な人物ではないでしょうか。ハバナの飛行場もホセ・マルティ国際空港という名です。

マルティは、1853年スペイン統治下にあったキューバのハバナに生まれた思想家、革命家、そして詩人でもありました。若くして1868年からの第一次独立戦争に参加したためスペインに追放され、その後米国や中南米で亡命生活を送りました。その間にキューバの独立を目指して様々な著作や活動を続け、1895年に始まった第二次独立戦争に際して再度キューバの地を踏みますが、同年5月にはスペイン軍の銃弾に倒れて戦死してしまいます。しかしマルティの思想は広く長く受け継がれ、今でも独立の父、国民的英雄として尊敬されています。志を遂げずに亡くなってしまったけれどその思想が弟子達によって受け継がれたという点で、吉田松陰先生を思い出します。

写真の建物はホセ・マルティ記念館。彼の生誕100周年にあたる1953年に工事開始、

マルティの胸像

1958年に完成しました。東京タワーと同じ歳です。記念館の中にはマルティの生涯や独立戦争に関する資料が展示されています。マルティ像の足下では、外国の要人がキューバを訪問した際に献花式が行われます。安倍総理大臣がキューバを訪問した際にもここで献花式が行われました。p.271の写真は、キューバ軍の兵士達が献花式のための花束を準備しているところです。

p.272の写真は、マルティの胸像です。キューバの全国津々浦々、公共の建物にはほぼ必ず、これが置いてあるのです。

下の写真は、キューバ東部サンティアゴ・デ・クーバのサンタ・イフィヘニア墓地にあるマルティの墓です。ご覧のように、ひっきりなしに観光客が訪れています。

マルティの墓

おわりに

２０１５年12月に日本国の代表としてキューバに着任し、日本・キューバ関係の最前線に立つことになりました。キューバにおいて日本の利益を増進し、相互理解を深め、日本文化を普及し、邦人を保護し、日系人社会と連携し、様々な二国間の課題や国際問題について意見の調整を図る、等々実に多忙な業務に没頭することとなったのです。日本とキューバの間の人の行き来も怒濤の勢いで増え、２０１７年には約３００社を超える日本企業が我が大使館を訪れてくれました。２０１６年9月には安倍総理が日本の総理大臣として歴史上初めてキューバを訪問しました。

この間、キューバを取り巻く情勢も大きく変化しました。米国とキューバが２０１４年以降関係正常化交渉を開始、２０１５年には半世紀振りに米国・キューバの外交関係が再開、翌年はオバマ米国大統領がキューバを訪問して両国関係が改善の歩みを着実に進み始めたと思いきや、同年の米国大統領選挙ではキューバに厳しい立場のトランプ候補が当選、現在は米キューバ関係が少し停滞している状況です。

キューバでは、1959年の革命を成し遂げた伝説的存在であったフィデル・カストロが遂に死去、2018年にはその弟ラウルも国のトップから退いて若手のディアスカネルが後継者となるなど、内外ともに出来事満載の時期の勤務でした。

私自身は2015年にキューバ国駐箚特命全権大使を命じられるまで、キューバと常に深く付き合ってきた訳ではありません。大学時代のゼミで1962年キューバ・ミサイル危機を研究し、若い頃外務省中南米局でキューバ関係事務にも少々かかわったことがある程度です。21世紀初頭のジュネーブ代表部勤務時代には人権問題等をめぐってキューバ代表団と頻繁に交渉し大いに議論しましたが、多くの問題で立場が異なるため大変だったことを覚えています。

キューバ最新事情をフォローしていなかった私がキューバに来たのは、「米国・キューバ急接近」とか「キューバが熱い」などと言われる時期でした。外務省はじめ日本国内の多数の方々から「キューバは変わった」、「キューバ経済は開かれ今や大きなビジネスチャンスの国となったのだから大いに日本の利益増進を図ってくるように」と言われました。筆者がスペイン語を話す初めての在キューバ日本大使だったのも、そんな背景があったのでしょう。ですから、大使としての最初の仕事は、何がどう変わり、どんなチャンスが生まれたのかを肌で探ることであると認識しアンテナを張り詰めていたのですが、着任直後からちょっと違うのではないかと感じていました。確かに米国の対キューバ政策などキューバをめぐる情勢は大きく変化しつつあったのですが、「キューバ自身が東京で言われているような変身を遂げたのだろか?」、「この国は、外部の期待を横目で見つつも、自らは泰然として我が道を進んでいるのではないか」というのが正直な現場感覚でした。それに加えて、【はじめに】で書いたように、キューバで遭遇する出来事が不思議なことばかりで、キューバという国を理解するのはえらく大変だということが徐々にわかってきました。

「キューバの不思議」の背景の一つは、その政治体制であり経済政策、つまり共産主義にあると感じています。共産主義という政治思想を掲げる国は世界の中で圧倒的少数派になりましたが、その中でもキューバは、最も生真面目にマルクス・レーニン主義の途を邁進せんと決意しているように見えます。政策当局者も市民も世界で少数派であることは知りつつも、60年近くの慣れもあり、数々の苦難にかかわらず体制を堅持してきた自信があり、社会の統制もかなり行き届いていることから、今後しばらくの間は現体制と現政策の基本は続いていくものと思われます。

特に経済政策面では、マルクス・レーニン主義の計画経済という原則の中で、市場原理を活用する手法を取り入れる試みをどれだけ、どんな速度で取り入れ、どこにその限界を規定するか、というのが大きな課題であると思われます。私達外国人にとって、キューバのいろいろな施策が日本の利害や国際的ルールを侵害するのでない限り、口を挟むべきではありませんが、キューバにいると気になって仕方ないのです。「こうすれば、キューバ政府も市民も日本企業もウィン・ウィンの関係を築けるだろう」と常に考え、それをキューバの方々に申し上げるのです。多くの場合は静かに聞いてくれたり、さはさりながら市場原理の導入は難しいのだという説明が返ってきたり、時には猛烈な反応があって議論になることもあります。業務上の激しいやりとりを通じて、キューバの方々の考え方や気持ちをとても深く知ることができましたが、さすがにそれを明かす訳にはいかないので、30年後の外交文書公開までお待ちください。キューバ当局との議論や折衝は楽ではありませんし、ましてキューバの将来にかかわる大きな話となると、それなりの反応を覚悟しなければいけませんが、それでもこの国の将来像について議論を仕掛けたくなるのです。

本文中に、マイアミのキューバ系米国人が、捨てたはずの祖国キューバを忘れられないと書きましたが、ましてキューバに住んでいると、外国人であっても、あらゆることが気になり、詮索したくなってトリビアを追求したり、はては、どうしても放っておけずに、自分のことのように口を出したくなる国、キューバはそういう不思議な魅力を持つ国なのです。

第3章14「庶民の格言」で紹介した風刺劇「真実を述べることを誓いますか?」では、登場人物の一人がこう言い放ちます。「外国の観光客は、ハバナの飛行場に着いて、豪華なホテルに泊まって、モヒートを飲んで、トロピカーナのショーを見て、バラデロの海岸で泳いだら、これでもうバイバイ・キューバだ。彼らがキューバに来たというのなら、俺たちはどこの国に住んでいるんだ? 彼らの会ったのがキューバ人というなら、俺たちは何人なんだ?」。読者の皆さんは、キューバ人にこんなことを言われないよう、ちょっとばかり定番の観光コースを外れて、自分の足で、自分の目で素顔のキューバを体験してください。別のキューバが見えてくるでしょう。本書がそのための小さなきっかけとなってくれることを期待しています。

本書の執筆にあたって、困難なデータ入手や貴重な体験談の提供、間違いの指摘などをいただいた在キューバ日本大使館の島田謙治書記官、伊藤光書記官はじめ同僚の皆さん、そして本書の完成まで忍耐強く助言や指導をいただいたベレ出版の森岳人様に厚くお礼申し上げます。

［付録］キューバの外交政策（外務大臣の国連演説）

キューバがあらゆる多国間のフォーラムにおいて、ほとんどすべての議題で発言し、決議案を作り、議論をしかけてくるマルチ外交巧者だということは、本文中でご説明しました。キューバはまた、毎年外務大臣が国連総会に出席し、長いスピーチを行うことでも有名です。かつて当時のフィデル・カストロ首相が国連総会で5時間に及び大演説をぶったという伝説も伝わっています（7時間との説もあります）。

キューバのように間口の広い外交活動をしている国は、国連演説でも関心を持つ多種多様な話題に触れるので、その演説テキストはキューバ外交の概略を知るのに最適の教材です。以下は2017年9月にブルーノ・ロドリゲス外務大臣が行った国連総会演説のほぼ全訳です。長くて読み通すのが大変ですが、この演説にはキューバ外交のエッセンスが全て含まれているので、ご関心と時間のある方はぜひお読みください（「議長、」等の呼びかけは省略。各項目の見出しと括弧内の注は筆者が付したものです）。

〈ハリケーンや地震等の自然災害についてのお見舞いとお礼〉（この導入部分ですでに5分位喋っているのですが、省略します）

〈開発〉（現在の世界がいかに不平等かと数字を上げて説明した後に）

世界の軍事費は17億ドルに上りますが、この事実は、貧困解消の資金がないという人達の主張と矛盾しています。しかし、持続可能な開発のためのアジェンダ2030は、米国およびその他先進工業諸国のエゴイズムと政治的意思の欠如のために、実施する手立てがないのです。マーシャルプランのような資金環流がない今、トランプ大統領は我々にどのような奇跡的な処方箋を薦めるのでしょうか？　誰が、そのための資金を用意するのでしょうか？　数十年前にレーガン大統領が唱え、そして現在トランプ大統領が言う「アメリカ・ファースト」の考え方とどうやって折り合いをつけるのでしょうか？

米国大統領は歴史を無視し歪曲し、存在しない妄想を目標に据えています。資本主義に固有の生産・消費モデルは、持続不可能かつ非合理的であり、必ず環境の破壊と人類の滅亡に繋がっていくのです。まさか、植民地主義、奴隷制、新植民地主義および帝国主義のもたらした結果を忘れてよいとでもいうのでしょうか？　ラテンアメリカの血に飢えた軍事独裁政権の数十年を、成功した資本主義の例として提示できるというのでしょうか？　１９８０年代のラテンアメリカ経済を破壊した処方箋よりも優れた新自由主義的資本主義の処方箋を、誰が知っているというのでしょうか？

国連が、より広い諸国の参加を得た、民主的で衡平で包括的な新しい国際経済秩序の確立のため努力することは不可欠です。このことは先送りできません。開発途上国の権利とニーズと特殊性、そして何世紀にもわたる搾取と略奪の結果である金融や世界貿易の不公平を考慮した、新たな金融構造の確立も同様に不可欠で、先送りできないものです。

先進工業諸国は、道徳的な義務と歴史的な責任を有しており、またその義務と責任を果たすための十分な財政的・技術的手段を持っているのです。

〈気候変動〉

裕福な諸国でも、気候変動に歯止めを掛けなければ、彼ら自身の繁栄さえあり得ないのです。キューバは、歴史的な温室効果ガスの主要排出国である米国政府が、パリ協定から撤退する決定を行ったことは遺憾に思います。

2016年には、3年連続で世界の平均気温の上昇記録が破られ、気候変動が人類の生存と我々の持続可能な開発に対する脅威であることが確認されました。我々は、気候変動の影響を最も受けやすい途上国、就中《なかんずく》カリブ海と太平洋の小規模島嶼途上国との連帯を再確認します。これら諸国には、公正で特別な、異なる対応が必要なのです。同様に、サブサハラ・アフリカのニーズにも優先的な関心を払うことを支持します。

〈軍縮・安全保障〉

米国政府は我々に対して、世界秩序には「繁栄」の他に「主権」と「安全」という二つの「美しい柱」があると言ってきました。核兵器の脅威に対して人類の生存を守ることには、誰もが責任を負っています。この目標を達成するため国連総会の枠組みの中で行われた重要な貢献が、核兵器禁止条約の歴史的な採択と署名でした。この条約により、人類を絶滅させることのできる核兵器の存在と使用および核兵器による威嚇は禁止されました。米国はこの条約に強く反対しました。軍事支出に7、000億ドルを費やし、武力による威嚇と武力の使用に基づく、極めて攻撃的な核・軍事ドクトリンを進めていくと発表したのです。NATO加盟諸国は、主権国家に対する軍事介入と非伝統的手法による戦争を推し進め、国際の平和と安全および国際法を侵しています。

キューバ革命の司令官フィデル・カストロ・ルスは「略奪の哲学をやめれば戦争の哲学は消えるだろう」と述べました。政府を不安定化させ、自由な人民の自決権を拒否することを目的として、強制的で一方的な措置が課され、財政、司法、文化、通信といった手段が頻繁に使われています。他国を攻撃するために情報・通信テクノロジーを軍事化し秘密裡に使用する例が増えています。一方で、多くの先進諸国は、安全なサイバースペースを実現するための協力について規制する国際条約の採択に反対しています。米国大統領は、自国の利益のみのために主権と安全保障の概念を歪め、自らの同盟国を含むすべての人に損害を与えています。

世界の多極化と分散化という不可逆的な流れを止めるために軍事的脅威と武力を使用しよ

うとする試みは、国際平和と安全に重大な危険をもたらします。世界の多極化と分散化は、国際的な運動によってこれを守り、維持しなければなりません。

〈国連改革〉

主権の平等、領土保全の尊重、国家の内政に対する不干渉の原則は尊重されなければならず、国連憲章と国際法には、新たな解釈を加えてはなりません。国連改革の主要な目的は、諸人民と大多数の恵まれない人々のニーズに応えることであるべきです。支配と覇権を目指す帝国主義的な利害から多国間主義を守り、強化しなければなりません。安全保障理事会を、その構成とその作業方法において民主化することは、緊急の課題です。国連総会を強化し、総会から奪われた機能を回復することが不可欠です。

〈人権〉

米国の演説では「愛国心」が引き合いに出されますが、それは、ヒューマニズム、祖国愛と祖国への忠誠、そして国家的・普遍的な文化の向上や擁護をねじ曲げているのです。それはまた、政治・経済・社会・文化のモデルの多様性に無知で不寛容なものであり、（米国の）特権的・優越主義的な視点を表しています。

先進諸国では、政治システムと政党がますます正統性を喪失しており、選挙に棄権する者が増えています。選挙キャンペーンに最も資金を費やす国において、逆説的なことに一般投票数が他候補より少ない候補が当選する国において、選挙人のごく少数の支持により統治できる国（注：すべて米国のこと）において、腐敗は、合法的とされるものであれ違法なものであれ、恩恵の見返りとしての「特別利益」や企業による献金に繋がっているのです。

いわゆるビッグ・データや計量心理学の政治・宣伝目的使用のように、覇権を行使し、国の文化を破壊し、人間の行動を操るために科学技術が使われることが極めて多くなっています。西側の七つの企業団体が、世界中で読まれ、見られ、聞かれることを厳格にコントロールしているのです。技術は独占され、デジタル・ネットワークのガバナンスは独裁的かつ差別的であり、デジタル・ディヴァイドが広まっています。若者と移民と労働者のチャンスが奪われ、彼らの人権があからさまに、かつ組織的に侵害されています。

一昨日、安全保障理事会において米国のマイケル・ペンス副大統領は、「人権理事会の過半数を優に超えるメンバー諸国は人権の最低限の基準さえ果たしておらず、その名（注：人権理事会という名称）に値しない」ので、安全保障理事会が人権理事会の構成と作業方法を変えなければならないと述べて、安全保障理事会の機能に関する無知と、新たな特権を手にせんとする意図を曝け出しました。グアンタナモ海軍基地で行われている拷問、恣意的な拘禁や自由の剥奪といった組織的な人権侵害、警察によるアフリカ系米国人の殺害、軍隊による無辜の市民の殺害、未成年者を含む移民に対する嫌悪と抑圧、（人権関係の）国際条約にほとんど加盟していない事実、このような自国の実態をペンス氏は考慮しなかったようです。

〈テロ〉

改めて、あらゆる形のテロリズムを強く非難します。テロリズムに立ち向かう際の二重の基準を拒否します。

〈中東和平〉

中東紛争の公正で永続的な解決を早急に追求するには、パレスチナ人民が、奪うことのできない自決権を持ち、１９６７年以前の国境内に、東エルサレムを首都とする自由で独立した国家を持つ権利を行使できることが基本です。

〈西サハラ問題〉

西サハラ問題は、サハラ人民が自決権を行使し、自らの領土内で平和に生きる正統な権利が尊重されるよう、国連の諸決議に準拠した努力が必要です。

〈シリア〉

シリアでの戦争に関して、キューバは、外部からの干渉がなく、シリアの主権と領土保全を完全に尊重した、平和的な交渉による解決策の探求を、改めて強く支持します。

〈ロシア〉

ロシアの国境周辺でＮＡＴＯの存在が拡張しているため、国際の平和と安全に対する危険が増しています。ロシアに対して一方的かつ不当に課された制裁措置を、改めて拒絶します。

〈イラン核合意〉

イラン・イスラム共和国とのいわゆる核合意が尊重されることを求めます。

〈北朝鮮〉

２，５００万人が住む北朝鮮を完全に破壊するという脅迫を拒絶します。戦争は、朝鮮半島においては選択肢ではなく、半島やその隣国に住む何億もの人々の生存を脅かし、予測しえない結果を伴う核紛争に導き得るのです。対話と交渉によってのみ、関係当事者全員の正

〈プエルト・リコ〉

プエルト・リコ人民の自決と独立に対する歴史的な約束を改めて確認します。

〈アルゼンチン〉

マルビナス諸島、サンドイッチ・デル・スールおよびジョージア・デル・スールの主権に関するアルゼンチンの正当な要求を支持します。

〈コロンビア〉

キューバは、関係者の要請を受け、コロンビアにおける安定的で永続的な平和を達成する努力とともに、可能な限り貢献し続けます。

〈キューバの国際協力〉

今日、64カ国で人々の生命と健康のために闘っている4万人のキューバ協力隊員（注：医師、看護婦等医療関係の協力に携わっている者）の奮闘を含めて、途上国人民へのささやかな協力の継続を約束いたします。

〈対米関係〉

去る6月16日、米国のドナルド・トランプ大統領は二国間関係を後退させる対キューバ政策を発表しました。この政策はまた、2年前に、相互の尊重と対等の原則に基づく新たな両国関係を促進させるために作られた基盤を蝕むものです。米国政府は、(キューバに対する)経済・貿易・金融制裁を強化して、米国の企業家達が僅かに享受していたキューバと貿易・投資を行う機会をさらに狭め、米国民のキューバ旅行に追加的な制限を加えました。

これらの決定は、大部分のキューバ移民を含む米国の幅広い分野の人々が、経済制裁の解除や(米国・キューバ)関係の正常化等を支持していることを無視しています。フロリダ南部の、孤立して少数派となった一部のキューバ系グループの利害を満足させるだけのものです。このグループは、自由と独立と主権を守る権利を徹底的に擁護するという選択をしたキューバとその人民に危害を加えることを主張しているのです。

我々は今日、経済制裁強化の措置を繰り返し非難し、キューバ革命を破壊せんとするいかなる戦略も失敗すると、改めて確認するものです。同様に、我々はキューバが人権の分野で達成した成果を大いに誇りにしており、米国にも他の誰にも教えを乞う必要はありません。キューバの人権に関する工作を拒否します。

この機会に、3日前にドナルド・トランプ大統領がこの壇上で行った、キューバとキューバ政府に対する無礼で攻撃的で干渉主義的な発言を強く非難します。米国における明白な人権侵害は、国際社会に深刻な懸念を引き起こしています。そのような米国には、キューバを裁く道徳的な権威が少しもないことを想起いたします。キューバが決して、（米国の支援を得るための）条件も押しつけも受け入れず、その原則的立場を放棄しないことを、ここに改めて強調いたします。

在ハバナの米国大使館員に被害があったと言われる事件ですが、キューバ政府は、米国を含むすべての外交官の保護について、外交関係に関するウィーン条約上の義務を厳格かつ誠実に遵守していることを明言します。キューバは決してこのような行為を行っておらず、今後も行わないこと、また、そのような目的のために第三者がキューバの領土を使うことを許さず、今後も許さないことを明言します。

キューバ当局は、政府最高首脳の指示を受け、優先度をもって、米国当局から提供された情報を考慮して高い技術レベルの調査を行いましたが、現段階までの調査結果によれば、米国の外交官とその家族が報告した健康被害の原因を確認するような証拠は、全く何も見つかっていません。この問題を解明するための調査はまだ進行中であり、そのためには米国当局の効果的な協力が不可欠です。このような性質の問題が政治化されるのは遺憾なことです。

ラウル・カストロ・ルス議長が表明したように、キューバは、平等と我が国の主権・独立に対する完全なる尊重に基づいて、米国との間で、二国間の懸案について交渉を続け、共通の関心事項について相互に敬意を払いつつ対話と協力を継続するつもりです。

キューバと米国は、協力し共存することができ、互いの差異を尊重し、双方の国家と人民に利益をもたらすすべてのことを促進することができます。しかし、そのためにキューバがその主権と独立に関して譲歩すると期待すべきではありません。

キューバ人民は、経済・貿易・金融制裁を解除し、完全に撤廃すべしという正当な主張を止めることはなく、この政策が強化されれば非難を続けるでしょう。11月1日には、キューバは国連総会に対して、改めて「米国政府のキューバに対する経済・貿易・金融制裁を終了させる必要性」と題する決議案を提出する予定です。

〈結び〉

世界で不平等が拡大し、少数の者がより裕福となり、多くの者がより疎外される中で、キューバ人民は可能な限り公正な社会を実現するための闘いを続けます。我々の社会主義の完成のため、キューバ人民が自ら決めた革命的な変革の道を着実に歩んでいきます。

著者紹介

渡邉《わたなべ》 優《まさる》

1956 年東京都生まれ。1980 年東京大学法学部卒業、同年外務省入省。欧州局審議官、中南米局審議官、経済局審議官、中東アフリカ局審議官を歴任。海外ではブラジリア、スペイン、ジュネーブ政府代表部、フィリピン、アルゼンチン、リオデジャネイロに勤務。現在、駐キューバ日本国大使。サラマンカ大学（スペイン）はじめ各国の大学や研究機関で、日本の外交、経済、文化について講義、講演活動を行う。著書に『あなたもスペイン語通訳になれる』（日本スペイン協会）、『ジョークで楽しく学ぶスペイン語』（ベレ出版）がある。

知《し》られざるキューバ―外交官《がいこうかん》が見《み》たキューバのリアル

2018 年 11月 25 日　初版発行

著者	渡邉《わたなべ》 優《まさる》
校閲協力	有限会社蒼史社
装丁・本文組版	常松 靖史 [TUNE]
発行者	内田 真介
発行・発売	ベレ出版 〒 162-0832　東京都新宿区岩戸町 12　レベッカビル TEL.03-5225-4790 Fax.03-5225-4795 ホームページ　http://www.beret.co.jp
印刷	株式会社文昇堂
製本	根本製本株式会社

ISBN978-4-86064-563-2 C0025　　編集担当　森 岳人